野口　剛夫
音楽論集

私の音と言葉

音楽を生きるということ

アルファベータブックス

はじめに

私は二〇一四年に五〇歳になるにあたり、学生生活を終えるあたりからこれまでのほぼ二〇年間、音楽評論家、研究家として書いてきた文章をまとめて三冊の著書にしようと計画した。

本書は、二〇一四年一〇月に刊行された『フルトヴェングラーの遺言』（春秋社）、『フルトヴェングラーを超えて』（青弓社）に続き、三冊目の本となる。

先の二冊は私がライフワークとして取り組んでいるフルトヴェングラーについてのものである。本書では少し重なるところはあるものの、それ以外のテーマについて書いてきた文章から、特に残しておきたいと思うものを収録した。

ジャンル別に大きく分類はしてみたが、取り上げるテーマはいろいろであり、さらに内容には書かれた当時の時代的、環境的な状況が影響している。したがって、一般の読者にとって理解しづらい箇所は多少訂正や添削をしたが、基本的にはなるべく当時のままで収録するように心がけた。

過去の自分の書いた文章に向き合うことは、楽しいだけではない。たとえば、学生時代に書いた文章（一九九三年まで）には、考えが幼く表現も拙いと思う箇所がある。今だったらこうは書かないのにと感じる。しかし、当時はああ書くしかなかったのであり、あの表現がそのまま私の現実だった。表現の拙さに赤面しながら最後まで読んでみて、やはりこれはこれで、当時の私にとっての真実であったのだと――我ながら言うのもなんだが——感動するのである。

そして、全部を通読してみてあらためて実感するのは、私が本質的には全く変わっていないということだ。学生時代から今までの二〇年間、テーマも手段も様々でありながら、心から感動できる音楽を求め、自ら作ろうとし、演奏しようとしてきた。また、そういう点で志を同じくする人々を応援しようとしてきた。また逆に、音楽として純粋でない、違和感を覚えるものについては、周りの人々と意見が合わない場合でも、断固として「違う」と発言し続けてきた。

実際、そう発言をして世の中に大きな影響を与えられたとはとても言えない。それどころか、社会的には損をしたり、誤解を招いたり、とダメージをこうむることの方が多かったかもしれない。

しかし、結果や損得を考えるよりも、よいと思うことは正直にそう発言し実行するということは必要であり、今までそうしてきてよかったという思いは変わらない。

世の中を見渡してみると、意識してかしないでか、ほとんどの人は表と裏を巧みに使い分けている。いわゆるダブル・スタンダードというものだが、やはりこれは自分としてはできないと思う。

音楽はその本質において、人間の最も純粋な部分、嘘のない部分に関わっている。

良くも悪くもこの生き様が、音楽に携わる者としての私の特徴であり、それはそのまま本書の特徴でもあると思う。

したがって、本書はこれまでの私の仕事を回顧する意味も持っているが、また同時にこれからの仕事も同じようにぶれないで続けていこうとする、私自身の決意表明でもなければならない。

㈱アルファベータブックスの佐藤英豪社長と編集部の結城加奈さんには大変にお世話になった。この場を借りてお礼を申し上げたい。

二〇一五年一〇月二七日　　野口　剛夫

目次

1　尊敬するマエストロたち

私は小学生の頃からピアノは習っていたが、それほど熱心ではなかった。だが、小学校の体育館にオーケストラがやってきて鑑賞会をした時、その衝撃にも似た感動は忘れられないものとなった。その後すぐに吹奏楽でトロンボーンを吹き夢中になり、必要に駆られて指揮や編曲を我流でやったりして、音楽にますますはまり込んでいくような気がした。いろいろなレコードを聴いたが、その中でフルトヴェングラーを始めとする巨匠たちの演奏に触れることになり、作品の真価は優れた指揮者の力でようやく理解されるということを知る。

後に音楽大学で音楽学の論文を書こうとした時、指導教授であった西原稔先生は「そんなにフルトヴェングラーが好きなら、彼の知られざる面を取り上げてはどうか」と勧めてくださった。

その結果、フルトヴェングラーの遺族と連絡を取ったり、彼が作曲家として遺していた楽譜の所在を調べたりし、「作曲家フルトヴェングラー」についての論文を書いたが、ここら辺がその後の私の音楽活動のベースになっていると思う。

大学を出てからは東京フルトヴェングラー研究会という団体を設立、様々な講演会、演奏会、出版活動などを続けてきた。付属のオーケストラでは自ら指揮もし、フルトヴェングラーの作品の日本初演を行った。

またフルトヴェングラーに限らず、重要な音楽家や音楽学者の著作を翻訳したり、彼らについて論説を書くこともあった。今、この章でそれらを集めて並べてみると、指揮者についてのものが多いと感じる。やはりフルトヴェングラーから始めたのだから致し方ないのだろうか。ただ、優れた人であれば誰でも、細かな差異とは別に、芸術観や世界観でも大きく一致する点が見出されると思う。執筆はいつも楽しく熱中し、心洗われる時間であった。

ワルターへの思い、音楽への思い

音楽に生きる幸せ

私事から書くことをお許しいただけるであろうか。

大学では哲学を専攻した。卒業する頃は、いわゆるバブルのはじける少し前のことだったから、今とは比較にならないほど全体に就職状況も良く、同級生たちは名だたる企業に就職していった。そんな中、就職には無関心、金持ちでは全くないのに音楽にのめり込み、気がついたら、音楽を演奏したり、書いたりする仕事をしている私である。

もともとサラリーマンになる気は全くなかったし、基本は好きなことだけをしているので、よく人から羨ましがられるが、それは裏を返せば、音楽以外のことはほとんど全て断念したということだ。また、私の感じること、主張することは、音楽の世界においても流行や大勢から外れたマイノリティーなので、今後この音楽の世界で華やかな権威的地位を築くこともなさそうな気がする。自分の立場や信条に全く恥じることはないが、ときおり言いようのない孤独感、隔絶感を覚え、寂しくなることはある。

しかし、私は今、この仕事ができることに大きな使命感と共に、深い幸せを感じてもいるのだ。特定の宗教を信じるわけではないが、誰か神のようなものに感謝すらしたいくらいなのである。
どうしてか。音楽だけが私を幸せにしてくれたのであり、音楽のために生きることがすなわち幸せなのである。

もちろん、どんな音楽でも良いわけではない。深入りすればするほど、音楽がいかに作曲されているか、いかに演奏されるか、について感覚は鋭敏に研ぎ澄まされてくる。そして今や、こんな風に考えるようになった。音楽家は無数にいて、作品も演奏も洪水のようにたくさん生みだされているが、その量もバラエティーも、正直言うとどうでもよいのではないか。

昔とは較べものにならない、現代の良好な環境で、十分な技術と経験の裏打ちを持って音楽をしたところで、それが何になるのだろう。私はそう思ってしまう。そのうちかなりの数の音楽は、繰り返される職人芸か、巧妙な芝居であり、聴衆を本気で感動させるのではなく、言ってみれば上手に騙して、刹那の快楽を与えるにすぎないからである。いわゆる手抜きではもちろんないし、世間に流通するだけの規格は満たしていると思うのだが、それ以上のものではないから聴き手の心を打つこともなく、いつのまにか音楽そのものはどこかに行ってしまい、それ以外の意図の方が露骨に前面に押し出される。

そもそも音楽が、音楽家が多すぎると思うのは私だけだろうか。今はどこでも良ければ音大も簡単に入れる。子供たちは小さな時から音楽を習わされ、意欲もないのに続けてしまう。結果として、音楽を感じない音楽家、一度も心底から感動したことのない音楽家が大量生産されているのだ。そして、発達した音楽産業は、本来なら音楽など聴かないような人たちに目がけて、良い顔や良い性格は持っているが、音楽は持たないタレントを売りつけ、それをクラシック音楽の「普及」だと言っているのだ。粗製乱造と大量消費が見事にタイアップし、表向き活況を呈してはいる。しかし、この現状は本当に音楽を渇き求める人にとっては砂漠も同然だ。良心的に地道な努力をこつこつと続ける人もいるにはいるが、派手な売り込み合戦の喧騒の中ではほとんどかき消されてしまう。現在の音楽界の異常とも言える現状に、明らかに私は辟易し、疲れているのである。

だから、私は往年の大音楽家、たとえばフルトヴェングラーのような、絶対的とも言える信念と真摯さをもって音楽に打ちこみ、具現した音楽家にどうしようもなく惹かれる。尊敬する。彼の中に現代の音楽界にとっての一種の救いをすら見る。彼に関した研究会を主宰しているのもそのためで、その活動の中で、自分も少しでも良いからそんな存在になれたらと願ってしまうのだ。こういう人の芸術に遭遇しなかったら、私は他の全てを犠牲にして音楽をそもそも続けてはいないことだろう。

ワルターの演奏には、潔い美しさが満ちている

前置きが長くなったが、私がワルターを愛し、彼の音楽から聴きとることのできるものもそれなのである。ワルターの音楽には、彼の嘘がない人間性が紛れもなく現れていると思うからだ。私は音楽家のタイプと言

うか、気質と言うか、そういうことでならフルトヴェングラーが真っ先に好きだ。でも、ワルターの音楽にもそんなスタイルの差などを問題とさせないような、断固たる精神の放射を感じるし、すばらしいと思う。

彼は「良心の音楽家」、「微笑みの指揮者」などといろいろに呼ばれているようだ。しかし、演奏の表向きの暖かさ、優しさ、が即そのまま彼の良心ではないと思う。彼の演奏に対して、微温的で常に中庸な表現を好むというイメージを募らせるなら、それはこの指揮者への完全な誤解であり、ことによると侮辱にもなりかねない。ワルターに良心があるとすれば、それは人当たりの良さなどではなく、自らが音楽へ向かう時の峻厳極まりない態度であり、それをオーケストラに妥協なく伝え、徹底させる執念ではなかろうか。そこには適当な雰囲気や、微温的なしぐさなどはみじんも感じられない。作品を演奏の現実として実らせようとする意志、情熱の強度において、彼は他の名指揮者たちに全く引けを取らない。学生時代から、幾度も聴いては胸を震わせたモーツァルトの交響曲やレクイエム、ベートーヴェン、ブラームス、そしてマーラーの交響曲の感動は今もそのままである。厳しいからこそ、優しさがほのかに滲み出る。彼の演奏は潔い美しさに満ちている。

思えば、学生時代のあの頃から今まで、本当にいろいろな音楽を聴くようになったものだ。ちょっと聴くと刺激的な、効果や話題性を狙った戦略的なものにもずいぶん接した。でも、それらのほとんどは我々の耳をくすぐり、気を惹きはしたが、結局、本当には残らないで消えて行く。

どうして消えてしまうのか。多くの場合、音楽家はその表現が本当にしたくてしているのではないからだ。

深い内的必然性を持たずに、曲を書いたり演じたりするから、借り物の音楽になってしまう。

　ワルターの演奏には、いわゆる表面的な効果を狙った箇所は皆無である。それに、そういう効果を狙う必要もないのだ。どの声部にもじっくりと考え抜かれた配慮が浸透していて、それが類まれなバランスの合奏として展開されてくる。すると、ワルター自身が決して前面には出ずに、作品の最も理想の姿だけが出現してきて、聴き手を心底から感動させるのだ。これこそ本当の達人、本当の巨匠の芸術として彼が称えられるゆえんではなかろうか。

　しかし、もはや没後五十年を迎えた今、思うのだが、ワルターの音楽を回顧して感嘆したり、懐かしむだけで良いのだろうか。彼の音楽が死後こんなに経ってもまだ愛聴されるには理由があるに違いない。ただ、彼の音楽は変わらなくても、五十年という歳月は、音楽をやったり聴いたりする人たちの意識を根底から変化させつつある。現状では、ワルターの演奏に込められた真意を我々は正しく受け止め、それを後世に継承させていくことができるのか、私としてはかなり不安に感じているのである。
　そのような、言わば音楽と人間の危機について、生前のワルター自身が真剣に考えていたようなのだ。彼の最後の著作『音楽と演奏』の末尾には「回顧と展望」という一章がある。この最初の部分から引用しよう。

ワルターとフルトヴェングラーの予言

二十世紀の前半をおおった戦火の煙、それは私の故国である精神の国にも「神々の黄昏」をもたらしたと私には思えてならないのです。かつては、あれほど親しみにみちていた演奏会の雰囲気が、よそよそしい感じに変ったこと、このことほど私に「黄昏」の感を抱かせたものはありません。私が祈りと、全生涯とをささげた芸術の殿堂は、はかなくも、くずれ去ってしまったのでしょうか。すべての偉大な芸術の源泉である創造的霊感の泉は止まり、芸術は抽象的な原理による実験室にもちこまれ、実験としての知的興味を満足させるにすぎないものとなってしまった、といえば、それは「時代錯誤」だといわれるでしょうか。

たしかに現代は、唯物主義と知性主義の支配する時代であり、芸術は、社会生活の中で、かつての高い位置からひきおろされ、低い場所を割り当てられているようです。・・・現代の人々にとっては、芸術とは、隣人を訪ねるように気軽く近づくことのできるものであり、精神の緊張も心のたかぶりもなく、気ままに近づくことのできるものなのです。

（『音楽と演奏』津守健二訳　番町書房）

これを読んだ私は驚いた。このワルター晩年の告白は、何とも悲観的、悲劇的なものだったからだ。しかし、それも当然であろう。彼が生涯に渡って愛して取り組んだ精神的業績が、晩年になって根底から崩壊し無価値化するかもしれないという危機が生じているのだから。また、この文章は先に少し述べた現代の音楽環境を先取りしているようにも思える。彼の予言はまさに的中しているのである。さらに、ワルターの見解は、私が日頃から関心を持っているフルトヴェングラーの著作で繰り返し説かれていることと、ほとんど違わない洞察であることも強く感じた。二人は気質的にはかなり違う点はあったにせよ、ほぼ同時代に比類ない天分と知性に恵まれ、偉大な音楽遺産を継承・発展させることに心血を注いでいたのだから、似通った世界観、芸術観を抱いたとしても不思議はない。

私はここで「娯楽」の過剰ということをいいたいのです。そして特に、私は、現代の物質生活の面とまったく同じように、文化の享受も簡易化され、快適になったために、個人の努力という面が退化してしまった、ということをいいたいのです。

驚くべき科学技術の進歩によって、人間の物質生活が根本的に改良されたということを、私は決して低く評価するものではありません。しかし、私たちは、そのために、すべての人がなんの努力も払うことなく、芸術や科学の成果の恩恵にあずかることができるという、安易さを恐れる責任があると思うのです。こうした方法でばらまかれた文化がいかに浅薄なものであるか、いかにいつわりの多い芸術観と、てっとりばやい知識と、真に精神的なものの価値の深遠さについての無知とがそこから出てくることか、というようなことを考えてみる必要があるのです。

絶え間のない教育と精神的な成長のみがもたらす精神の真の成熟と、こうした浅薄なものとを比べてみるとき、私たちは、この「割引き大売り出し」の文化は、精神的な不毛地を作り出すのだということに気がつきます。ラジオ放送局その他から流れ出す音楽の奔流、音楽や文学の時代趣味への迎合、娯楽や、なぐさみや、気晴らしの氾濫、これらすべてが、いま、まじめな精神生活を危険にさらし、これらにとりつかれた人から向上心をうばい去っているのです。

(『音楽と演奏』)

人間の存在を脅かす皮肉な悲劇

このようなワルターの語る状況は、まさしく現在の我々の音楽生活に繋がっている。今やラジオには、テレビ、インターネットが加わり、レコードからCD、DVD、ダウンロード・ミュージックなどまで含め、再生音楽の天国となっているわけだが、それが「割引き大売出し」の文化であるという、彼の基本的な問題意識はいまだに的確かつ鮮烈だ。

私はここで、昨年、東北地方で起こった大地震によって引き起こされた、福島の原子力発電所の事故のことを思ってみる。事故の影響はいつまで続くかわからない。科学の進歩で、我々はとてつもない力を利用することができるようになった。しかし、同時にその力が負の方向に暴走を始めた時、もはや制御することはできなかった。科学技術の産物は、両刃の剣として作用する。人間のために生み出されたものが、人間の生存を根本から脅かしている。皮肉な悲劇である。

これと同じことは、全ての分野で起こっているのであって、音楽の世界も例外ではない。ワルターは「音楽の奔流……氾濫、これらすべてが、いま、まじめな精神生活を危険にさらし、これらにとりつかれた人から向上心をうばい去っている」と述べることで、発電所の事故のようにはっきりと目には見えないが、それに勝るとも劣らない悲劇的状況が芸術の世界においても現出してきたことに対し、はっきりと警鐘を鳴らしているのである。

ワルターはいささか謙遜気味に、自分の考えを「時代錯誤」かもしれないと述べてはいる。もちろん、いろいろな意見はあろう。現代の便利さを、なぜそうまでネガティブに見るのか、芸術が手軽になり身近になって、全ての人のものになって消費されるのは良いことではないか、という反論は当然考えられる。芸術観の違いということで、ワルターの考えを、当時の典型的知識人の危機感として歴史的に整理してしまう人もいるかもしれない。

しかし私は、ワルターの意見は「時代錯誤」ではないと思っている。

確かに時代は変わる。変わっていくものはある。今からたった百年前は、まだ音楽のまともな録音すらなかったのだ。携帯電話の普及だってこの十五年程度だ。科学技術の進歩は加速度的に進む。未来が予測できないくらいに急激にだ。科学と芸術は元来は違うが、科学の恩恵を受けて起こった芸術の環境に大変化が生じたことは確かだ。

ただ、変わっていくものがある一方で、変わらない、変わってはいけないものがある。それは人間なのだ。芸術をやるのも聴くのも人間。この人間の本性はほとんど変わっていないのである。そして今、この人間性を我々が見失いつつあるということこそが問題なのである。

音楽作品は、喜怒哀楽のあるひとつの人生

それでは、そのような危機に対し、我々はどうあるべきであり、何をするべきなのか。人の意識を見直すことも必要だが、ここまでワルターが大事と考えていた音楽、崇高で美しく、時に人を高みに持ち上げてくれるような音楽の力そのものが、我々の精神のリハビリにとって有効ではないのか。ワルターの言う「まじめな精神生活」を維持しようとする原動力は、まずこの音楽の魅力から発しなければならないと思える。つまり、音楽がそんなにすごいものなら、音楽の力で人を教化し、危機から救うことだってできるのではないのか、という期待を我々は抱いてしまうわけだ。このテーマを扱っているのが、ワルターのエッセイ『音楽の道徳的ちからについて』である。我が国ではエドヴィン・フィッシャーの著作『音楽を愛する友へ』の中

に収録され、文庫本で刊行されているから、持っている人も多いのではなかろうか。

もしも人間が音楽の影響によって決定的な感化を受けるものならば、まず第一にわれわれ音楽家こそ人類の道義的模範でなければならないのであります。というのは、われわれは毎日音楽の浄化の波によって洗われ、かつ運ばれており、われわれは絶え間もない音楽の影響のもとに生きているのだからであります。しかし、お恥ずかしいことながら、音楽家は概して、他の職業に従事している人々にくらべ、べつに少しも良くも悪くもないのではあるまいか、と思われます。そして、大作曲家のなかでもバッハやベートーヴェンやモーツァルトやシューベルトはたしかに崇高で至純な人格であったとはいえ、他方、われわれがどう見ても無条件には尊敬しかねるような別種の創造的天才たちもいるのであります。……音楽に内在する倫理的呼びかけも、ほんの束の間の瞬間的な効果を狙っているにすぎないかのようにも見え、また、それが人間の魂におよぼす作用といっても、たとえば電流が電磁石―電流の通じているあいだは大きな力をもっているが、スイッチを切ってしまえば死んだ一片の鉄にすぎない電磁石―におよぼす作用のごときもののようにも見えないでしょうか。

（『音楽の道徳的ちからについて』佐野利勝訳　新潮文庫）

おやまあ、あれほど崇高で偉大で美しい音楽の力も、実際は人の心を美しくすることはできないばかりか、音楽の鳴っている間だけ、そんな気分にさせてくれるだけらしいのだ。それに、そもそも偉大な音楽を作った人たちですら、褒められた人間性など持ってはいなかったのだ。これでは我々は、音楽のもたらす作用は、酒や煙草や賭けごとと実はどんな違いがあるというのか、と幻滅して思わずぼやきたくなってしまうのである。

ワルターは本当に正直だ。変な期待を読者に抱かせない。実際に音楽が人間を感化し、善導するというはっきりした根拠はどこにもない、と断言する。

音楽は我々を感動させる。完膚なきまでに打ちのめすことだってある。でも、それは刹那の体験でしかない。音楽によって人は本当には良くならない。そこまで音楽に望むのが間違いなのだしそれで良い、これだけでも十分にすばらしいから、と言って自分を慰めるしかない。

私はこんな連想もしてしまう。たとえばクリスチャンだって、神から罪が許されているとはいっても、それはもはや罪を犯さなくなるということではないらしいではないか。自分の罪を見つめ、それと戦うために、神を信じ、救い主を受け入れるのだ。逆に言えば、罪と完全に縁が切れたわけではないからこそ、常に神を思うし、思わねばならないのだ。形骸化した教会通いを重ねるだけの日曜日クリスチャンよりも、自分の罪を深く見つめて呻吟する求道者の方が実は神には近いのではあるまいか。

芸術と宗教は同じではないが、芸術には宗教に近いところがある。まず、それには完璧、完成ということはない。あるのは永遠に到達しない目標である。しかし、そこに至るのを諦めてしまってはいけないのだ。至らないと知りつつも、そこに向かって努力し続ける、到達しようと憧れ求める、その過程の純粋さ、誠実さの度合いが高ければ高いほど、芝居でない真実の感動で満たされる。

音楽をやっている時、聴いている時は刹那に過ぎないが、その瞬間、我々は生きることの意味に出会うのだ。その悲しいくらい短い幸せを得た時、芸術家は労苦が報われ、聴き手は幸せになり感動の涙を流すのではなかろうか。このようなことを私はよく考える。ワルターもこれにはきっと賛成してくれるだろう。

話が飛躍してしまいそうだが、そもそも「幸せ」って何だろうか？　ショーペンハウアーがいみじくも述べている通り、望むものが何でも得られたり、苦痛がなかったりすることが、幸せだと考えるなら、我々はおそらく我慢できないくらい退屈で、不幸な気持ちに陥ってしまうに違いない。人生はそんなに単純なものではない。それは幸せも不幸せも交互に、いや同時にあるような状況の連続なのではなかろうか。実は音楽作品そのものが、心地よいだけではない、喜怒哀楽のある一つの人生のようなものだ、とワルターは言いたげなのだ。


主題的＝旋律的な経過がこのような和声学上の、また形式上の不安を生みだし、その解決をためらいつつ妨害するのも、つまりは終止に際して共通の旋律的＝和声的＝形式的安らぎへと到達せんがためであります。このような躊躇と妨害とから生ずる魂の興奮、そしてそれらがわれわれの感情に及ぼす作用は、ほかならぬ不協和音が協和音へと、また形式上の不安が安定へと努力することに基づいているのであって、この安定が、楽曲の時間的進行過程によって留保されており、やっと終止部に至って達成されるのであります。

（『音楽の道徳的らからについて』）

我々は生きている以上、生老病死を免れるわけにはいかない。どんなものにも始まりと終わりがあり、永続する幸福などはない。その意味では、音楽（作品）も人生の似姿であるとも言えるのではないか。ワルターが、音楽の中に人生を見、人生の中に音楽を見、そうして音楽と人間のあり方に、強い深い関心を寄せたのは、ここまで考えてくると当然のことのように感じられる。となれば、それが幸せか不幸せか、あるいは快か不快か、などという詮索はあまり意味をなさないだろう。

人生に宗教が必要だとすれば、音楽に必要でありそれを成り立たせているのは――ワルターによれば――調性だった。「調性音楽という概念は重複語だ」とワルターは言う。音楽とはそもそも調性のあるもので、音楽の本質と不可分のものである、と。調性があるというのは、たんなるシステムの問題ではなく、自然に根ざした中心の音を持っているかどうか、という世界観の問題になる。

調性の概念を否定する者は、実はそうすることによって同時に協和音不協和音の概念をも否定しているのであります。調性を無視する作曲家たちの誤謬はここにあります。彼らは調性に頓着しないのであるから、彼らの作品の中の不協和音はなんら完全を求めて努力することがなく、したがってそれらの不協和音にはなんらの意味も感じられない。

（『音楽の道徳的ちからについて』）

調性では、ある音を中心とするからこそ、そこからの逸脱と帰還が生じる。時間と空間が生じ、歴史が生じるのだ。ワルターが無調音楽を認めなかったのは、そこには中心がなく、全ての音を均等にするか、あるいは人為的な法則に従わせようとしたからなのだ。彼は作曲というものを純粋な頭脳の遊戯としてはどうしても考えられなかった。

今日、あらゆる分野で確かに可能性は広がった。作曲家だって、調性で作っても、無調で作っても、その他の何をやっても良いのだ。それは自由だ。しかし、どんな可能性も対等なのではなく、その真価を見極めなければならないという義務が我々には生じてきている。少なくとも言えるのは、音楽は人間の本質から離れてしまっては無意味だということだ。新しさのための新しさからは大切なものは何も生まれない。

むしろ今、何でも手に入るとしたら、逆にこれはあえて手にしないようにしよう、と考えてみること、すなわち可能性を吟味し限定していくことこそ、現代に生きる我々のとるべき危急の課題であるように思えてならない。

どんなに金持ちでも、いろいろディスクを聴いても、たくさんの曲を演奏しても、最後は裸一貫であの世に旅立たねばならない。本当に音楽に出会うとは、自分の素の姿に向き合うことでもある。そうするために

は、我々の周りには余計なものがありすぎるのだ。あらゆる虚飾や贅沢をそぎ落としたところに本当の欲求が、本質があることに開眼するべきだ、とワルターは言っているように思う。

ワルターは人生の本質を見つめている。彼にとって、音楽は職業であり、指揮は仕事であったかもしれない。しかし、その前に、音楽を彼は愛していた。好きでたまらず、音楽と音楽家を心から尊敬していた。音楽をすることが彼の生きがい、生きる意味だったのだ。

ワルターの演奏を聴くと、しばしばこんな思いに襲われる。

真に偉大な作品、偉大な演奏は、たとえようもなく美しいと同時に、なぜか悲しいのだ。あの《歓喜の歌》のある第九交響曲も、能天気に理想を連呼しているように聴かせてはいけないのであって、詩に謳われているような高き理想を求めながらも、そこに至ることのできない卑小な我々の悲しさ、哀れさが浮かび上がるのでなければならない。モーツァルトのレクイエムも、すばらしい演奏ならば、神の愛と犠牲に感謝しながらも、その恵みや要請に真に応えられない生身の人間の悲しさが我々の心に迫って来る。ワルターにおいては、人生と音楽が切れていないから、聴き手はそんな気持ちにさせられるのかもしれない。

ワルターの演奏は崇高でありながらも、我々の気持ちを受け止めてくれる。ただの同情はしてくれないけれど、強い飢え渇きと真剣な求めに対しては、こちらに降りて来て、共に居てくれるのだ。こういうことでなら、まさしく彼は我々にとって「微笑みの指揮者」であり「良心の音楽家」である。
この小論の締めくくりは、ワルターの最後の著作の最後の言葉で代えさせていただきたい。

現在そのものは一時的なものなのです。それは力強いと同時に、はかないものなのです。ですから、このことから、新しい希望が生れてくるのではないでしょうか。現代が一時的なものだということは、現代をこえた不変の要求を忘れないようにと、私たちをさとしていることになるのではないでしょうか。……「危機のあるところ、そこにこそ救いが現われる」という、詩人であり予言者でもあったヘルダーリンの言葉と、この予言を固く信じている私の言葉とで、この不協和音にみちた章を、美しい協和音として終らせたいと思います。
『音楽と演奏』

（ONTOMO MOOK 宇野功芳編集長の本「没後５０年記念　ブルーノ・ワルター」　音楽之友社　二〇一二年）

ブルックナー

偶像的でない人間的な音楽を期待する

某音楽雑誌の人気投票でブルックナーは嫌いな作曲家の上位に挙げられたらしいが、これの原因は作品だけではなく、演奏やそれを享受する側にもあると思う。どうも一般の聞き手をおびえさせる特殊な雰囲気が作り上げられているようだ。

たとえば、ブルックナーの作品や演奏を評した文章に「自然」「神」「カトリック信仰」などの言葉をよく見る。日本人は一般にキリスト教には疎いはずで、普段は神なんてどこにいると言わんばかりの振舞いなのに、話がブルックナーになると、なぜか急に信心深くなるようだ。

「ブルックナーの本質」とか、「〇〇版」がどうだとかを熱を込めて語る。なかでも特殊なのは指揮者の地位で、ブルックナー指揮者はときには作曲者以上に信仰の対象となる。たとえば亡きチェリビダッケはブルックナーの最高の解釈者と崇拝されたし、今ならヴァント、朝比奈がそうだ。

この三人の指揮者は芸風もそれぞれ違うが、一つ共通しているのは、確固とした信念のもとに、壮麗な音の建築を作り上げたということであろう。もともと「神」とか「絶対者」の伝統を持たない日本人は、彼らの巨大な演奏に心の支えを見出したのであろうか。

私が問題にしたいのはここである。確かにブルックナーには他の作曲家にない特殊な面がある。その音楽は他を顧みず大聖堂のようにそびえ立っているように見える。しかし最近持てはやされている演奏ではこの点が強調され過ぎているのではなかろうか。

たとえば故チェリビダッケのブルックナー演奏であるが、確かにあれほど指揮者の思想が徹底的に現実化されたものは他になかった。かつて東京で聴いた五番、七番、八番など圧倒的な完成度であった。しかし一方、牛歩のような遅いテンポの中で、全ての音を徹底的に意味付けた結果、音楽よりむしろ宗教の修行のような姿勢も感じられた。神なき時代の人間がこうした姿勢に強く惹かれるのもわかるが、これでは某新興宗教の超能力崇拝とたいして変わらない。どんな立派な音であっても、人間味や素直な喜びを失った演奏には疑問を覚える。

このチェリビダッケに較べると、ヴァントの演奏は、非常に明快でバランスの良い演奏だといえる。ただ、音だけで勝負している態度が前面に出過ぎて、なにかそれで武装している感じがすることもまた否めない。私などは、磨き上げた冷たい音響の隙間から人間の肉声が聞こえて来ないのはやはり淋しいと思ってしまうのだが。

そして今やブルックナー指揮者としてはヴァントと双璧と

言われる朝比奈隆。風格・実力ともに稀有のブルックナー指揮者だと思うし、チェリビダッケやヴァントにないおおらかで豪快な音作り（反面、大味に聞こえることもあるけれど）は魅力だ。それにしても朝比奈だけに限らないが、聴衆は指揮者をなぜ崇拝してしまうのか。「朝比奈のブルックナー」などと言わずに、「ブルックナーの良い演奏が一つ増えた」と思えば十分なのに。

私たちはブルックナーの音楽でバベルの塔を築いてしまっていないだろうか。そして指揮者を祭り上げ過ぎていないだろうか。ある指揮者に心酔するのは悪いことではない。しかし度外れた思い入れは盲信となり、それ以外のものに対して心を閉ざしてしまう。また、同じ指揮者でも出来の良いときもあるし悪い時もある。なぜいつも演奏が終わった途端に「ブラヴォー！」なのか。

高くそびえ立つ神格化したブルックナーも素晴らしい。しかし、強さも弱さもある人間的なブルックナー、人に安らぎを与えてくれるような演奏にも私は惹かれる。思えばフルトヴェングラーやクナッパーツブッシュなど往年の名指揮者のブルックナー演奏には荘厳さと豊かな人間味の両方があったのではないか。フルトヴェングラーについては、彼のブルックナー演奏がひどく神経質で作品の本質を損なっているという意見をよく聞くが、本当にそうだろうか。フルトヴェングラーによるブルックナー九番の演奏に耳を傾けてみたい。使用されている版や表面的なスタイルには時代の流行があるだろうが、それは演奏において本質的なことではない。いつの時代でも人間が根源的に求めているものを演奏に込めることのほうが大事だと思う。

そんなことを考えながら私のブルックナー探求の旅は続いている。なかなか「これだ！」と叫びたくなるような演奏には出会わないが、最近聴いた生演奏の中で、特に印象深かったのがフリューベック・デ・ブルゴス／読売日響の五番であった。緩急自在でナイーヴさと威厳を併せ持つ生きた演奏であったと確信する。第二楽章など、心が洗われるような思いだった。

それと若杉弘が今年になってＮ響を指揮した二番を挙げたい。細部まで配慮のいきとどいたみずみずしい演奏だった〔じきにＢＭＧでＣＤ化されるだろうが、既に発売されているザールブリュッケン放響との同曲のＣＤ（ARTE NOVA 74321 27770 2）で、若杉の感性と解釈のすばらしさを確かめることができる〕人を威嚇するようなものはそびえたっていない。その代わりに意外なほどチャーミングで謙虚なブルックナーの姿があった。これら二つの演奏では、なにより「宗教」ではなく「音楽」を感じさせてくれたのが嬉しかったが、残念だったのはホールが半分位しか埋まらなかったことだ。

ブルックナー自身の生涯がそうであったように、ブルックナー演奏というものも、すぐにスポットライトを浴びせて偶像化してしまうような土壌では育ちにくいのではないかと思う。演奏という行為を通して、どこかで静かに生きている「おじさん」ブルックナーに出会いたい。今の私の偽らざる気持ちである。

（『音楽現代』一九九七年六月号）

ハンス・クナッパーツブッシュ

悠久の中に溶け込んでいく音楽

クナッパーツブッシュの演奏に私が打たれるのは、彼の演奏が何か音楽的な意味や効果を超えた一つの気高さを備えていると感じさせるからなのだ。

それへの確信を、私は最近見たクナッパーツブッシュが指揮する映像でますます強めた。《ワルキューレ》第一幕や《トリスタン》前奏曲を指揮するために指揮台に立つ彼の姿は、一人の指揮者というには、余りに多くの深いものが秘められているように見えた。

長身の彼は少し猫背で首を少し前に傾け、ニュウーと腕を上下左右に動かす。晩年の撮影のせいもあろうが派手な指揮振りでは全くない。明確な信号を出すというよりは宙に自分のイメージを描いている。それ以上に印象的なのは顔や手で、驚くほどの表情があり演奏の意図が確固たる意志となって楽員に伝わる。彼は人を支配はしない。楽員を信頼している。ときに、繊細で弱々しくも見える。懇願するような目つきもする。しかし、難しい箇所がうまくいったりすると、にんまりとし大きく一つうなずく。

まさに、道理のわかった王者のような風格があった。また真剣なのにユーモアもときに感じさせる。とにかく顔が違う。不安気に交通整理に明け暮れる今の指揮者、そのセールスマンのような顔とは、全く異次元の人間であった。本当の誇りを待った音楽家の顔を拝めて、本当に幸せだった。

しかし、決定的に私に感銘を与えたものは、彼のそうしたオーケストラをあやつる魔術ばかりではなかった。うまくは言えないのだが、クナッパーツブッシュの仕草、そしてその演奏には、なにか寂しさのようなものを感じるのだ。それも簡単には癒されないような類の寂寞を。

ワーグナーやブルックナーの、非常に濃密な構造の音楽を、それとばかりは聴かせず、むしろ行間からこぼれてくる人生の機微、孤独、絶望によって、クナッパーツブッシュはこの音楽に素晴らしい奥行きを与えているのではなかろうか。そんなことができる指揮者はそうはいない。のろのろした脂ぎった表現だけでは、彼は今だに絶大な人気を誇ることはできないであろう。もし、彼の音楽の苦味や寂寥やペーソスが雄大な表現の隠し味になっていないのだとしたら。

ブルックナーの権威とされる指揮者の演奏は確かに凄いかもしれない。完璧かもしれない。ただ、それは音楽として素晴らしいということに他ならない。もちろん、それだけでもたいしたことだと思う。偉大な指揮者であると思う。しかし、クナッパーツブッシュはもっと大きなもの、人生、世界を描いている。だからある意味では音楽は超えられてしまっているのかもしれない。それにしても、彼が見通してしまった人生とは世界とは何であったのか。たとえようのない寂しさ、喜劇性すら帯びたこの世の無常というものではないのだろうか。私の想像が飛躍しすぎかもしれぬ。そして、クナッパーツブッシュ自身が生きてそれを聞いたら「そんなバカな」と笑いとばすかもしれぬ。しかし、彼の演奏だけは嘘をついていないと確信する。

以下に、私の愛聴する録音を挙げさせていただきたい。

まずウィーン・フィルとの一九五四年の録音である第三交響曲（ロンドンKICC2504）である。クナッパーツブッシュは練習嫌いだったというが、それが信じられないくらい隅々まで配慮の行き届いた演奏であると思う。自然な力まない音楽造りが清々しいが、そんな中にさりげなく深い孤独が顔を覗かせるのである。

第五交響曲は一九五六年ウィーン・フィルとのステレオ録音（ロンドンKICC8239）が、音質もよく私は愛聴している。使用している楽譜はフランツ・シャルク改訂版で、オーケストレーションの思いきった変更と、カットが施されている。この演奏について「版は劣悪だが指揮が素晴らしいので」のようなコメントが多いが、本当にそうだろうか。指揮が素晴らしいのに加え、この版ならではの、まさにブルックナーの荒削りなオーケストラの扱いを救う多くの興味深い瞬間に出会えるのではなかろうか。特にフィナーレの最後は金管と打楽器が新たに加わって輝かしく閉じられる。私自身、この版を指揮した経験を持つので、このことは特に強調しておきたい。読者はいかなる意見を持つのも自由だが、他人の言を鵜呑みにせず、どうか自らの耳で結論を出し

て欲しい。

第七交響曲は一九四九年ザルツブルク音楽祭でのヴィーン・フィルとのライヴ録音（Music and Arts：CD209）に尽きると言いたい。冒頭の低弦による主テーマの歌いだしからその気迫と暖かみに打たれ、一気に最後まで聴き通してしまうであろう。第二楽章のシンバルは凄まじい音がする。クナッパーツブッシュの実演を聴いたフランツ・ブラウンは、その著書でシンバルは二人の奏者に同時に叩かせていたと書いているが、この演奏でもそうだったのだろう。ヴォルフがかつて「ブルックナーのシンバル一発でブラームスの交響曲全曲を吹っ飛ばせる」と言ったらしいが、本当に吹っ飛ぶかもしれない。

第八交響曲は一九六三年ミュンヘン・フィルとの録音（ウェストミンスター 64XK10–11）。記念碑的演奏である。録音も鮮明で、先にも述べたクナッパーツブッシュの自在の指揮姿を彷彿とさせる。総じてかなり遅いテンポを取っているにもかかわらず、もたれた感じにならないのは不思議である。全く余計な力が入っていない。音楽は威圧的になることはなく、悠久の中に溶け込んでいく。

クナッパーツブッシュ夫人の言によると、亡き夫が生前最も愛していたのはワーグナーの《パルジファル》とブルックナーの第八であったという。冗談めかした発言の多いクナッパーツブッシュであるが、それはおそらく彼の本音であったのではなかろうか。

（特集「ブルックナー指揮者・不滅の９人」　『音楽現代』一九九八年九月号）

オットー・クレンペラー　良き音楽の弁護士

今から十五年も前の一九九八年十一月、私の翻訳した本である『クレンペラー　指揮者の本懐』（春秋社）が刊行された。その頃、大学を出たばかりで駆け出しの音楽研究者であった私にとって、初めての大きな仕事であり、当時の苦労や本になった時の感慨など、なお今でもまざまざと思い出される。内容はクレンペラー自身による音楽や音楽家についてのエッセイ、自叙伝、インタビューなどから成っている。

その本のドイツ語の原題は『オットー・クレンペラー　良き音楽の弁護士』という。編集者が邦訳の刊行にあたって改題したセンスもすばらしいが、この原題もまた、クレンペラーの音楽家としての在り方をずばりと物語っているように思える。

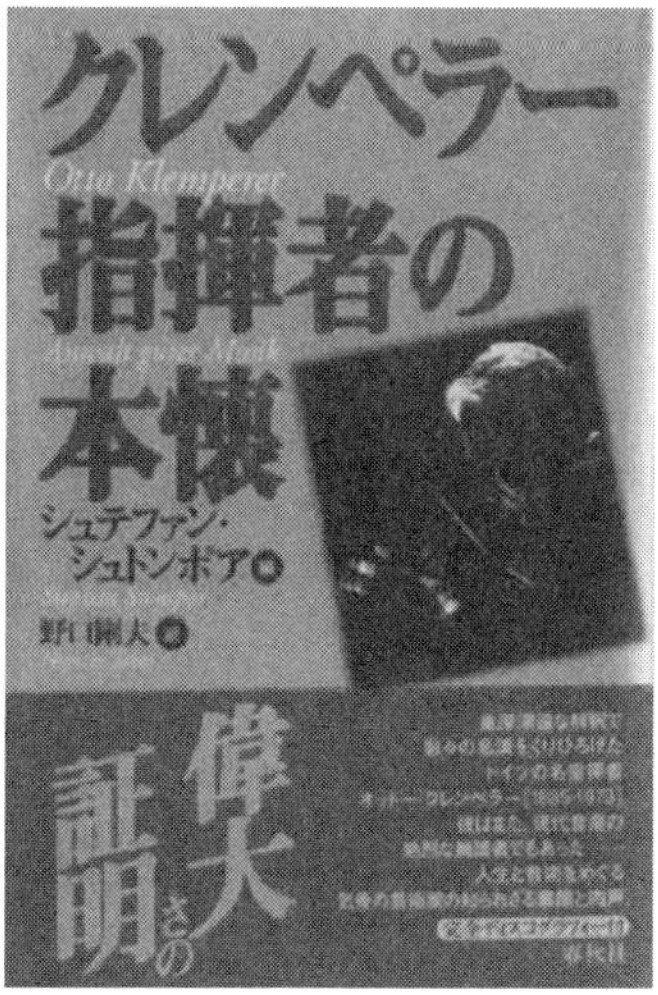

本書の原題にもなり、まさしく「良き音楽の弁護士」という題で収められている文章は、一九三六年に亡命中のクレンペラーがカリフォルニアのオクシデンタル・カレッジから名誉法学博士号を受けた時の記念演説である。

「弁護士は正義のために戦います。罪なき人々のために戦い、その命を敵の攻撃から守ることは彼の聖なる務めです。そして私たち音楽家の務めとはなんでしょう。私たちは罪無き女性である音楽のために戦っているのです。彼女は告発されていないでしょうか。音楽は、無用でただの贅沢であると責められている。しかし音楽に罪はないのです。どこに音楽に死を宣告する理由があるでしょうか。私はないと思います。正反対です。音楽家には、高貴な女性である音楽を守るという義務があります。音楽を物質主義の攻撃から守らねばなりません。」（シュテファン・シュトンポア編『クレンペラー　指揮者の本懐』　野口剛夫訳　春秋社）

今は悪徳弁護士という言葉もよく聞くご時世である。弁護士だからといって正義の代理人とは限らない。音楽家も音楽のために戦うという人は極めて稀で、音楽に生きるというよりは音楽によって生きる（生活する）という人がそこかしこに溢れている。悲しいことだが、これだけ音楽家も音楽界も満開花盛りのように見える現代日本は、実は金のために魂を売り渡した音楽の寄食者たちによって行き着くところまで行ってしまったように私には思えるのだ。

クレンペラーは今も人気の指揮者である。彼の演奏には彼ならではの明らかな刻印があり、往年の指揮の巨匠であるフルトヴェングラー、トスカニーニ、ワルターなどとは明らかに違う強烈な個性が紛れもなく感じられる。

今このような正真正銘の演奏の記録を、我々はどのように聴くべきか。同じように買ってきて聴くことのできる他の指揮者の演奏のどれとも比べないことだと私は思う。比べるというのは今という時代の環境がそうさせるのであって、本来の音楽の聴き方ではないからである。他と比べてクレンペラーの真の偉大さを矮小化させてはならない。彼にはそのまま対決するべきだ。誰も彼には敵わず、ふっとばされてしまうかもしれないが、変に理解したり、分析したりして聴くよりどれだけよいかしれない。真の弁護士、真の音楽家というものを知り、その姿を我々がこの混迷の世界で今一度体現したいなら、まずそうするしかないと私は確信するのだ。

（ＣＤ『ベートーヴェン交響曲全集&序曲集』（Altus: ALTSA276/7）ブックレット　二〇一四年）

フルトヴェングラーを超えて

「フルヴェン聴きのフルヴェン識らず」になるなかれ

フルトヴェングラーのファンの役割、もしそういうものがあるとしたら、それは彼のもたらす音楽にただ心から感動すれば良いのだ、と私は思っているし、いつもそう発言しているつもりだ。しかし、現在のファンの多くはそれには不満かもしれない。音質のことや、録音の出自のことや、ディスクの制作過程が気になって…などと言うのではないか。そのような人は、家にうなるほどレコードやディスクがあり、それらの比較と検討に余念がない。雑誌やネット、同好の士の交流で情報をふんだんに摂取している彼らは、知識もあり、演奏データの真贋に神経を尖らせ、常により良い状態で録音が再生されることを目指して飽くなき努力を続けているように見える。

既に亡くなった指揮者の演奏を聴くには録音以外の手段がないのだから、人々の関心が録音に向かざるをえないのは当然だろう。だが、現状を見ると、もはやそれは明らかに過剰だと思う。いったいいつから、多くの人々はディスクの評論家みたいになってしまったのだろうか。

そもそもフルトヴェングラーの演奏の魅力は、当時の録音状況の悪さにも関わらず、それを超えて伝わる彼の音楽の読みの深さだろう。そこには楽曲への職人的なアプローチではなく、文化を背負っていく者としての衿持と世界観が現れているのであり、聴く人を心底から感動させる。

だから、ディスクというのはそういうことをわかるためにあるのであって、それで十分なのだ、と私は思っている。逆に、演奏の出来栄えとか、音質の良し悪しとか、音楽以外に聞こえる雑音、聴衆の咳払いとかが、やたらと気になってしまう人というのは――よほどたくさんの録音を聞き込んだ結果そうなったのだと思うが――残念ながら音楽自体を聴く力が欠けているか、あっても弱い人ではないかと思う。録音が古く音が悪くても、演奏内容が優れているなら、聴けばわかるのだし、わからないといけない。わかりにくいからと、それをすぐに演奏や録音のせいにするのは、いささか的外れであると思うのだ。

演奏の録音は何のためにある？

仮に全てのディスクを集めたところで、立派なディスコグラフィーは作れるかもしれないが、それでフルトヴェングラーの演奏なり音楽なりの本質がわかるわけではない。録音は、それがどんなに素晴らしいものであったにしても、演奏のある刹那を切り取って記録したものに過ぎない。今では録音技術が発達したので、最初から録音することを念頭に置いて演奏する人もいる。その場合の演奏は、生演奏の良い点は犠牲にせざるを得ないが、本人が納得していれば、それはそれで結構だと思う。しかし、フルトヴェングラーはそういう音楽家ではない。一回の演奏の中でも刻一刻と生成・発展したその音楽は、それ以外の全ての瞬間においても、熟考され、試行錯誤され、生成・発展を続けていたのである。誰もが彼の名演奏と思っている録音の、前日のリハーサルが、ずっと素晴らしかったかもしれないし、そのまた前の日に、彼が散歩しながらしていた想像の方が、もっと見事で感動的だったかもしれない。

音楽家の人生の中では点にすぎぬ録音に、一喜一憂するというのは不毛なことではないか。録音はいくつか聴けば十分だ。録音を聴き過ぎ、いろいろな演奏の細部に詳しくなったとしても、それは当の演奏家ですらもう忘れてしまっているような事柄なのではないか。そこにばかりこだわるのは、人生が即音楽でもあったフルトヴェングラーの、それこそ生きた音楽を、根本から曲解・誤解してしまう恐れがある、と私は危惧している。

録音は両刃の剣

録音というのは、本当に真剣に聴くこともあろうが、ただ聴くだけなら、つまりどんな聴き方をしようと自由だとなれば、あまりに簡単、安易であるという面も持つ。深く聴くことがなければ、その演奏の良さも理解するには至らない。理解が足りなければ退屈し、別の新しいディスクを買う、という具合に、買い漁りがどんどんエスカレートする。どれひとつとして真に深くは聴かれないにもかかわらず、ディスクを持っていることで、それらの音楽まで持っているような気分になってくる。誰もがわかるわけではない孤高の芸術

を、誰もが所有してわかるような錯覚を与えてくれるのが録音なのだということは、どんなに録音に恩恵をこうむっていても常に持っていなければならない視点ではなかろうか。

今や生演奏への本当の期待は衰退し、人間と音楽の関わりは、かなりの部分が録音との気ままな戯れということになってしまった。

録音に全てを委ねてしまうなら、かつてフルトヴェングラーが希求した、演奏家の一期一会の再創造としての厳粛な演奏に、同じ思いで参加する「理想の聴衆」などというものも、真面目に考える気にはもはやならないだろう。音楽への飢餓感や、自己の向上心は退化し、我々は自らは労せずして、業界が用意したコースや権威に乗っかることしか考えない大衆＝愚衆へと堕ちていくのだ。

人間が経済性を優先して環境を破壊したことのツケを、今払わされているのと同様のことが、音楽の世界でも起きている。ディスクを買い込むこと、好きな録音を手当たり次第にダウンロードすることは本当に必要なのだろうか。物を豊かに貯め込んでも、買った当人の「音楽」は少しも豊かになってはいない。それどころか、私たちは音楽と真剣に向かい合う態度を喪失しつつある。もはや音楽を感じ深く受け止めることができなくなっているかもしれないのだ。

何を聴くかということは重要だが、演奏を聴く我々の側がそれにふさわしい状態にあるかどうか、ということはもっと重要ではないのか。演奏内容を聞き取り、味わう力がもしこちらになかったとしたら、どんな宝も「猫に小判」「豚に真珠」である。ディスクの内容には極めて敏感な人が、自身の能力や見識については、驚く程、無関心なのである。

フルトヴェングラーの著作を読もう

だから私はこの場を借りて——もちろん自戒をも込めてだが——録音を買ったり、聴いたりするためのおびただしい金や時間の内、いくらかでも別のことに使ってはどうか、と声を大にして言いたいのである。たとえば、『音と言葉』『手記』『音楽を語る』など、フルトヴェングラーの著作を読むことである。本誌で私は「フルトヴェングラーの遺言」という連載を続けているが、これは読むのが難しいと言われる彼の著作から名言と思われる文章を選び出し、適宜解説を加えたものである。書きながらいつもびっくりさせられるのは、フルトヴェングラーほど音楽と人間の関係を深く考えた人はいなかったということである。

その連載の第一回目に掲げた彼の言葉がある。

人は芸術作品に没頭しなければならない。……没頭するとは愛することに他ならない。愛とは品定めや比べたりすることのまさしく対極にある行為であり、比較を絶したかけがえのない本質を見抜く。白日の下にさらして評価しようとする冷たい知性の世界は、比類ない芸術作品の価値をまるで理解できないのだ。

（一九三七年の遺稿より　筆者訳）

これは短いながら、彼の思想のエッセンスといえるものだと思う。そして、この論説で私が言いたいこともこれにつきるのである。我々がディスクを持ちすぎ、聴きすぎ、それらの比較や詮索へと走った結果、音楽そのものに向かい合い、心から感動するということからは遠ざかってしまったのである。ちょっと想像していただければわかるが、あるものについて、それを比較したり分類したりすることと、それに没頭して心動かされるということは、ひとりの人の中では同時にはできない。全く逆の相容れないことなのである。

フルトヴェングラー自身が、音楽について、人間について、非常にシビアな考えをし、警鐘を鳴らしているということは、もっと世の中に知られるべきである。特に彼に関心を持つ人は、真っ先に肝に銘じなければならないのではないか。

音楽を自ら実践しよう

すべきことはまだある。聴くばかりでなく、我々はどうして自ら音楽をしないのか。楽譜を読もうともせず、楽器を演奏せず、歌を歌わず、どうして他人の演奏を云々できるのだろう。

録音で我々が普段聴いているのは、世界最高とされる指揮者とオーケストラによる演奏だ。ベルリン・フィルやヴィーン・フィルは確かに素晴らしい。こういう演奏を聴き慣れてしまうと、今さら自ら楽器を弾いたり歌を歌っても惨めな気持になるだけだ、そう言う人も多い。

でも、そう思う方がおかしい。そもそも、ヴィーン・フィルにしても、ほんのわずかな特殊な人たちの集まりなのだ。それと自分を比べる必要など全くないのである。

ヴァイオリンを持っても、初めは雑音しか出ないであろうし、合唱に参加して全く声が出なかったり、音が取れずに恥をかいたりするだろうが、それでも良いではないか。

普段、演奏家が一つの音を出すためにいかに苦心しているか。音階ですらも本当に正確に美しく演奏するのは難しいのを、実感してもらいたいのである。また、一人では思いもよらなかった合奏の醍醐味や、たくさんの練習を重ねて本番へと至るまでの過程などは、音楽作品を超えた作品とでも言える素晴らしさであり、これは実際に体験してみなければわからない。

要するに音楽とは、演奏会だけにあるのではなく、日々、音楽をする人の中で、生成発展していくものなのだ。そういう日常の中で、かつてフルトヴェングラーも自らの音楽を育んでいったのは確かだ。誰も彼と同じ高い境地には立てないかもしれないが、同じ空気を吸うことはその気になればできるのだ。

楽器を弾くだけの人たち

録音と人との関係を考える本稿では簡単に触れるにとどめるが、録音を聴くことに専心している人とは対局の存在として私が危惧を感じる人たちがいる。幼い時から楽器を習い、そればかりで明け暮れた結果、音楽が好きなのかもわからないまま、弾くことは続けているという人たちのことである。楽器が何もできない人から見たら、羨ましいの一言かもしれぬし、立派に音楽界に貢献しているようにも見える。しかし、その演奏は習い覚えた技術でこなしているだけで、弾く人自身の音楽は聞こえてこない。また、そのような人は日頃は音楽を好きで聴くということもない。音楽の本を読んだり、教養を深めるという気持ちも少ない。信じられないのだが、音楽に感動したことがなく、好きでもないのに、演奏はするという人たちが、侮り難くたくさん存在するのだ。このような人の実態についても、フルトヴェングラーが著作できちんと指摘していることには驚く。

そもそも何とも対決せず、自分で感じることなしに一切をただ報告するように再現するという、極めて実際的であるがゆえに今日では広く行われている演奏法がある。これは演奏ではなく報告であり、芸術行為ではなく機械的に写真を撮ったにすぎない。

（一九三九年の遺稿より　筆者訳）

どちらか一方だけで閉じてしまうなら、まだしないほうが良いということになろう。音楽を聴くことと演奏することとは、繋がっていなければならないのだ。両者を繋げるものは「音楽を好きであること」、これ以外にはない。そのどちらかがひとり歩きできてしまうのが現代なのかもしれないが、それは音楽と人間の本質からしても、決して幸せな状態ではないのだ。

専門家がしっかりとリードすること

常々思うのだが、ディスクの収集や分類などの作業は、ごく一部の真摯な研究家に任せるべきだ。そして録音の音質の改良も、それは音楽の実際的理論にも音響技術にも通じた専門家（ドイツで言うトン・マイスターといえる人に、なかなか日本ではお目にかからないが）が責任をもってあたるべきだ。

逆にファンの人には、下手にそういう特殊な領域に首を突っ込まないようにするべきだと言いたい。音楽の素養も経験も足りない人には、その上に録音の比較論や技術論を戦わせるような余裕はない。中途半端に関われば、中途半端なディスクのマニアを増やすだけだろう。そこは識者、評論家がきちんと手本を示して導かなければならないと思うのだが、現状はどうか。

フルトヴェングラーを超えて

今いちばん深刻な危機は、かつてフルトヴェングラーが自らを掘り下げて自己に到達したような生き方が見られなくなってしまったということだ。つまりこれは、我々がモノばかり見て、自分自身と向き合うことをやめてしまったということではないか。それこそ、フルトヴェングラーの悲願を最も裏切ってしまう状況なのである。

自分が利口だと思っている人間の根底にあるものは、偏狭さと愚かさである。そして、こういう人々が芸術を窒息させてしまう。いわゆる現実に適応しようと望むあまり、彼らはもはや自己には適応できなくなる。自身を欺いて自らの生命を失い、どんなものでも全てを手に入れようとして本来の自己をなくしているのに、彼ら自身がこの暴挙の滑稽さに気づいていない。現実には——今日の状況がどうあろうと——そこにあるのは空の容器だけであることに気づいていないのだ。

（一九三七年の遺稿から　筆者訳）

だから、あえて言いたい。「フルヴェン聴きのフルヴェン識らず」になるなかれ、と。

フルトヴェングラーを尊敬するなら、よけいにフルトヴェングラーに留まってはいけない。むしろ、彼を超えていこうとするくらいでなければならない、と思う。それこそが、本当の意味で彼を生かすことになる、と感じる。あまりに突拍子もないことだ、と読者は驚くだろうか。誰も彼より優れた音楽家にはなれないかもしれないが、問題はそういうことではない。彼が亡くなってもう半世紀以上になる。音楽家であるないを問わず、彼の精神を継承する人が必要だ。そのためには、彼の録音を集めるだけでは駄目ではないのか。彼のように信念を持って自分の音楽に生きるということを、皆が少しずつ、自分の力に応じて実践するべきなのだ。録音を聴くのも、楽器を演奏するのも、そのための手段であるにすぎない。

繰り返し言いたい。我々は今こそ「フルトヴェングラーを超えていく」ことを決意するべきだ。

彼と縁を切ることではなく、彼を親とみなせば、子である我々が親離れをするということだ。彼に盲目的に拝脆するのではなく、我々が自分の音楽をしっかりと育てて持つということなのだ。そうして初めて、フルトヴェングラーと健全な関係を築くことができるし、その時、それこそ彼のディスクが持つ意義や価値も本当に実感されてくるのではないか。

(『音楽現代』二〇一二年一〇月号)

熱誠の指揮者フェレンツ・フリッチャイ

〈『伝説の指揮者　フェレンツ・フリッチャイ』（アルファベータブックス　二〇一五年）訳編者はしがきより〉

本書はフェレンツ・フリッチャイ著『モーツァルトとバルトーク』(Ferenc Fricsay: Über Mozart und Bartok, Edition Wilhelm Hansen, Kopenhagen/Frankfurt am Main, 1962)、およびフリードリヒ・ヘルツフェルト編『フェレンツ・フリッチャイ』(Friedrich Herzfeld(hrsg.): Ferenc Fricsay, Rembrandt Verlag, Berlin, 1964)の翻訳と資料から成る。

『モーツァルトとバルトーク』はフリッチャイ自身による唯一の著作であるが、原書のページ数にして七〇ページに満たない小さな本なので、彼の死後すぐにヘルツフェルトの編集で刊行された追悼文集と抱き合わせることで、フリッチャイの音楽家としての魅力と業績を再確認する一冊ができればよいのではないかと考えた。

彼の記念年は、二〇一三年（没後五〇年）、二〇一四年（生誕一〇〇年）と続いていた。その間に本訳書を刊行しようと考えていたのだが、様々な事情で遅れて、二〇一五年の刊行になってしまった。それでも何とか形になったのは嬉しい。

どんな素晴らしいアイデアの本があっても、それは刊行されなければ人々に知ってもらうことはできない。一般の出版事情が徐々に悪化している現今において、この本の価値を理解し、刊行することを決断し、煩雑な本作りの過程を粘り強く共に歩んでいただいた編集の中川右介氏には深く感謝する次第である。

一九六三年に四八歳で惜しまれつつ他界したフリッチャイについて、我が国では本が一冊も刊行されていないことを、私はかねてから残念に思っていた。

録音をたくさん残しているフリッチャイだが、私はそれらの全てを聴いたわけではないものの、そのいくつかを聴いて異様なほど強くて深いインパクトを与えられたので、ずっと気になってきた指揮者なのである。

フリッチャイは録音のための演奏行為を積極的に行った指揮者の、重要な先駆者の一人ではなかろうか。レコードのために演奏した指揮者はもっと前からいるが、レコードがようやく生演奏と対比されるくらい良好な品質を持ち始めた時代、すなわちＬＰが出現し、モノーラルからステレオへと、録音の常識の大転換が行われる時期に、そのメリットを鋭く察知して、旺盛に仕事をした指揮者がフリッチャイなのである。

その意味では、フリッチャイより少し年上（一九〇八年生まれ）のカラヤンなども、そうした指揮者の典型であるだろうし、録音で聴くフリッチャイの演奏の高い精度とすばらしさを賞賛するなら、それはカラヤンについても言わなければならないはずである。

しかし、私の中ではフリッチャイはカラヤンとは全く別の資質を備えた指揮者である。表向きは共通点があるかもしれないが中身は全く違う。

それはフリッチャイが芸術と人生に対し、本質的に哲学的、宗教的な態度を持っていたことではなかろうか。

彼は若くして白血病に犯され、筆舌に尽くせぬ肉体的、精神的な苦しみを経験し、晩年にはその楽風が一変したともいわれる。確かに変化した面はあるのだろうが、百八十度別人になるということはありえないと私は思う。本書を読んでもわかる通り、彼は若い時から生き方は真摯そのものであり、人生のあらゆる体験を音楽的にも人格的にも自らの成長のための肥しとしていくような態度は明らかだった。

彼の指揮のテクニックは驚嘆すべきものだったという。演奏や録音にかける意気込みも尋常ではないのは、本書を読まれれば理解されるだろう。彼のような才能で仕事をすれば、現在でも超一流の指揮者の名をほしいままにできた人であるのは間違いないだろう。

しかし、どんなに見事な仕事をしても、フリッチャイは仕事のために生きた人ではなく、音楽のために生きた人なのであった。この違いは大きい。彼の猛烈な仕事ぶりは、ただひたすら音楽へののっぴきならない思いから生まれた。

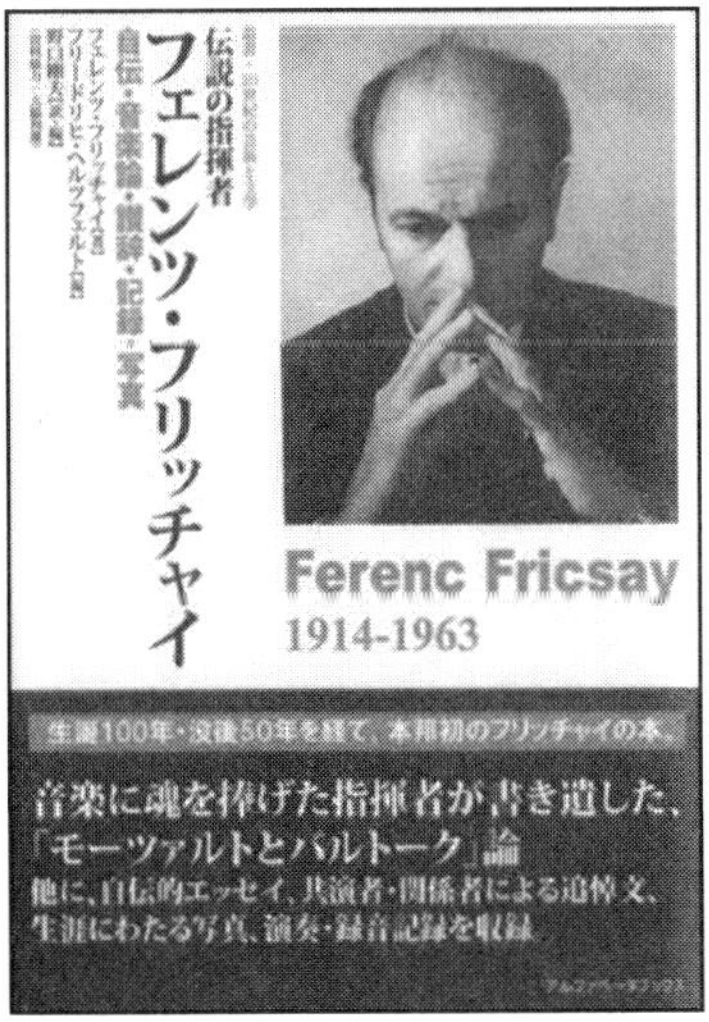

偉大な音楽のためなら他の全てを犠牲にすることも辞さないほどの、その狂熱的とも言えるような帰依の感情が、フリッチャイの演奏からは紛れもなく放射されているのを、私はいつも強く感じ取るのである。

現世に成功したいという誘惑に駆られやすい、演奏家という職業。フリッチャイにも人並み以上にそうした世俗的な欲望があっただろうし、技術的な革新の意義をよく理解し、それを音楽のために積極的に使用したという意味では、彼は現代の申し子であったともいえる。

しかし、そうした誘惑の中に溺れて、自分を見失うのではなく、フリッチャイは現代の技術的方法を突き詰めることによって、さらに普遍的なものへと突破していくということができたのではなかろうか。技術の成果と人間性を高い境地で融合することができたというところに彼の偉大さがある。

つまり、彼が示した音楽への献身は、決して偏狭な音楽至上主義からではなく、そうした帰依を起こさせるもととなった芸術家への、そしてその母胎である自然への尊厳の意識から出ている、と私は思うのである。

今回、この翻訳の仕事をしながら、フリッチャイについて抱いた自分の直感が間違いではなかったということを、言葉の上で確信できたような思いである。

そう思わせてくれるという意味では、本書に多く収録されているフリッチャイの写真も貴重である。もちろん彼に関心を持つ人なら写真を見たことがないという人はいないだろうが、幼少期から様々な場所でのこれほどの数がまとまって見られるというのは、本書の誇るべき特徴と言えよう。とにかくフリッチャイの顔は美しい。顔の造形が見事だとかいうだけではなく、内面からの強い意志の放射を感じるのである。これは魂を音楽に捧げている人の顔だ。精神的に生きるということの凄味が表れていて、そういう意味での美しさなのである。顔だけで人は判断できないかもしれないが、顔は大事である。そこに私がそんなにこだわってしまうのは、現在、このような衝撃的な美しさを感じさせる顔にはまず出会わないからだ。

本書の刊行を思い立ってから、翻訳権の確認のためなどで、原書の出版社と交流する中、フリッチャイが最初の妻との間にもうけた子の一人であるマルタ・ドバイ＝フリッチャイ女史と知り合うことができた。フェレンツ・フリッチャイは晩年をスイスで送ったが、マルタさんも現在スイスの美しい小都市オルテンにご主人と住んでいる。

昨年（二〇一四年）の一一月、ヨーロッパへ調査旅行に出かけた際、私は妻と共にマルタさんのお宅を初めて訪問し、ご夫妻と歓談の時を持つことができた。広々とした美しい応接間で、ハンガリーの伝統料理をいただきながら談話した数時間は、深く心に刻まれるものとなった。

日本でのフリッチャイ本の刊行にあたって、既に述べたように二冊の本の合本をしたいという私の申し出に、マルタさんは賛同し快く許可を与えて下さった。また、翻訳中に生じた様々な疑問にも丁寧に答えて下さったり、現在までいろいろとお世話になっている。

二〇一四年はフリッチャイの生誕百年を祝う催しが、ハンガリーの諸都市でいくつも行われた模様である。

マルタさんが作成しているホームページ"Dirigent Ferenc Fricsay"(http://www. ferenc-fricsay.net/inde.htm)に詳述されているが、青年期の彼が軍楽隊長として過ごしたセゲードでは、六月から自作の曲も含む記念演奏会や講演会、記念銘板への献花などが続けられた。またブダペストでは一〇月末に五日間わたって"Minifestival Fricsay100"が開催され、自作の「ハ長調ミサ曲」のハンガリー初演、講演会、展示会などがあった。最終日の三〇日にはブダペスト国立歌劇場で、マルタさんによって寄贈されたフリッチャイの胸像の除幕および献堂式が、本人の立会いの下で行われた。ベルリンでも一一月一九日にはフィルハーモニーで、ベルリン・ドイツ交響楽団(RIAS交響楽団が後に改称したオーケストラ)による「フリッチャイ生誕百年記念演奏会」があり、デュカスの《魔法使いの弟子》など彼が愛した作品が演奏されている。

本書がフェレンツ・フリッチャイの芸術を愛し、深く知ろうとする人々にいくらかでも役に立つのであれば嬉しい。

2　私の演奏論

子どもの時、名指揮者のレコードで音楽の魔力に触れた体験を持つ私にとって、常に演奏というものは大きな関心事となっている。

名指揮者のファンには莫大なディスクのコレクターになっているような人もいるが、私は当初から本能的にといおうか、そういう受け身の音楽体験だけでは飽き足らないという思いがあった。

時折オーケストラを指揮するのも、日頃、音楽について考えたり、書いたりしていることを、自ら体験し、納得したいのかもしれない。また最近では作曲にも熱心に取り組むようになった。人の曲ばかり聴いたり、演奏したりでは物足りない、と内心では感じているのであろうか。

今の世界では、指揮なら指揮だけ、作曲なら作曲だけをしないとなかなか認められないし、うまくいかないという風潮があるが、今のところ私は完全にそれに逆らってしまっている。世間的に見ればどれも中途半端なのであるが、しかし、これらはもともと一つのものでもあるべきで、演奏も作曲も思索も全て行うことではじめて見えてくることもあるだろう。

気長に頑張るしかない。いずれにしても、これは一生を費やしての実験なのである。

この章では、これまでの演奏活動をする中で抱いた率直な問題意識を論説にしたものを収めている。ブルックナーの原典版だけでなく改訂版も面白いと言ったり、レクイエムを原語でなく日本語で歌ってもいいのではないかと主張したりするのも、私があまのじゃくだからではない。実は素直に考えたら自然と帰結するようなことではないかと真面目に思っているのである。

改訂版は面白い

〈『ブルックナー交響曲第五番スコア（シャルク改訂版）』（音と言葉社）への監修者の序文〉

本書はフランツ・シャルクが改訂したブルックナーの交響曲第五番の初版（ヴィーン・ドブリンガー出版社、一八九六年）の復刻出版である。

改訂者フランツ・シャルク（一八六三―一九三一）はヴィーンに生まれ、国際的な指揮者として活躍した。彼は兄ヨーゼフやフェルディナント・レーヴェ（第四番、第九番の改訂を行なった）らと共にブルックナーの愛弟子であった。ブルックナーの第五交響曲は既に一八七八年にはほぼ完成していたのだが、四手ピアノ版（こちらはフランツの兄ヨーゼフによる編曲）という形を除いては長い間初演の機会に恵まれなかった。ようやく一八九三年になってグラーツの歌劇場の指揮者をしていたフランツ・シャルクはこの曲の初演を指揮することを決意する。

しかしシャルクは翌九四年の初演にあたって、現在普及しているハース・ノヴァーク原典版の元となった原稿に対し多くの改変を行なった。その内容を述べるとざっと次のようになる。

まず、楽器編成。原典版で各二本である木管楽器に第三フルート（ピッコロ兼任）が追加されている。第二楽章にはテューバが加えられる。第四楽章ではコントラ・ファアゴットが新たに入るほか、コーダでは金管楽器（ホルン四、トランペット三、トロンボーン三、テューバ一）と金属打楽器（シンバル、トライアングル）が別に用意されコラールを華々しく演奏する。

また、全体にオーケストレーションが大胆に変えられ、拍子や速度指定も改められたり書き加えられたりしている。特に驚かされるのは第四楽章での合計百小節以上にもわたる大幅なカットである。このためにソナタ形式でいうところの再現部がほとんどなくなってしまった。

シャルク改訂版の出版は初演の二年後、ブルックナーの死の年である一八九六年であった。ハース校訂による第五の原典版が出版されたのは一九三七年であり、この後は一部の例外（クナッパーツブッシュ）を除き改訂版は演奏されなくなっていき、今ではブルックナーの弟子によるおせっかい版として評判が非常に悪い。この版のことを口にしようものなら、ブルックナー愛好者から軽蔑の目で見られることもしばしばである。

しかし、これが私にはずっと不思議だった、シャルク版が「改悪」版であるとはどうしても思えなかったからである。特に第四楽章のコーダを聴いたとき、シャルク版のほうが断然すばらしいとさえ思ったのである。ここでは金管楽器の数がそれまでの倍に増やされることでコラールと細かいモティーフ的伴奏が余裕をもって対等に主張される。

原典版では各声部がこれほど鮮明には聞こえないので、欲求不満だった私は心から満足した。ノヴァークによると、コラールを金管で増強したいというシャルクの提案をブルックナー自身が許可したらしいが、それは賢明な判断だと思った。一番最後の音の連打は原典版のようなユニゾンでなく、変ロ長調の主和音が鳴る。よくぞやってくれたと叫びたくなるくらいに。

このように書くと「あれはブルックナーなんかではない、シャルクだ」という原典版信仰者の不気味なつぶやきが聞こえてきそうであるが、私はそんなことぐらいではたじろがない。

ハース・ノヴァーク原典版でさえ、純粋にブルックナーだけによる唯一絶対の決定稿とみなすことができようか。自筆原稿ができあがる過程でブルックナー以外の人の意見が入っていないという保証はない。また他の作曲家で、他人の編曲が原曲以上に評価されているケースだってたくさんある。それがブルックナーではなぜ駄目なのか。

断わっておくが、私は決して原典版を無視しようとしているのではない。原典版の意義はとても大きいと思うし、その演奏も愛している。

しかし、一方で改訂版も評価し演奏するべきだと主張したい。なんとおおらかなことかと思う人もおられようが、この私の考えは版の成立の純血性を追及する学問的興味とはまた別の理由から出ているのだ。

まず一つ目の理由としては歴史的な意義である。重要なのは一九三〇年代にハース原典版が登場するまで約四〇年間、流布していたブルックナー五番の楽譜はシャルク改訂版だけであったということだ。フルトヴェングラーなど二〇世紀前半に活躍した指揮者たちはこれを演奏し感化されてきたわけで、このことは版の質に関わりなく歴史的な沈殿となっているのは事実である。ならばこの事実を無視する、すなわち現在原典

3 Trp.
3 Pos.
Ctr.-Bth.
ff sehr gehalten
4 Hörn.
1. u. 2. Fl.
Kl. Fl.
Hob.
dolce
1. Cl.
2. Cl.
Fag.
Ctrfag.
1. u. 2. Horn
3. u. 4. Horn
1. u. 2. Trp.
3. Trp.
f dolce
1. u. 2. Pos.
meno f
3. Pos. u. Ctr.-Bth.
meno f
Pk.
Bck. u. Trgl.
1. Vl.
2. Vl.
Br.
Vcl.
Cb.

フランツ・シャルク改訂ブルックナー第５交響曲の第４楽章コーダ。金管楽器と打楽器のグループが参加し、豪華絢爛たる響きを生む。

版だけが演奏されるというのは不自然であると考えざるをえない。結果はどうあれ、とにかく改訂版を十分に知り体験しなければならないと思った。

もう一つの理由は、改訂版自体の持つ音楽的価値である。

まず楽譜を垂直的に、つまり響きという点で見てみると、シャルク版は原典版のような剛直さには乏しく、全体に軟らかく優雅である。その原因のひとつには各楽器のバランスに細かい配慮が払われているためであろう。それは例えば第一楽章の序奏に現われる分散和音の強奏部分で既に明らかである。直線金管楽器であるトランペット、トロンボーンの使用は控え目で、より木管楽器と弦楽器が引き立てられている。金管楽器を使用する場合は全部を使わずに本数を減らしたり、ダイナミックを他の楽器より一段下げることもある。第四楽章の有名なフーガでは、主声部はｆそれ以外はｍｆとしたりする。また原典版では木管だけ、金管だけ、あるいは弦楽器だけでシンプルに演奏される部分も、シャルク版では金管に木管を加えたり（例えば第四楽章でコラール主題が初めて呈示される部分）、弦楽器に木管を寄り添わせたり（例えば第一楽章冒頭）、音が単色にならないような工夫がされている。

次に水平的に眺めれば、長いフレーズの途中で巧妙に楽器を交替させたり（例えば第一楽章第一主題）、モティーフの繰り返しにあたって楽器の組み合わせを様々に変えてみたり、シャルク版は原典版よりも色彩豊かな展開をするように設計されていると言える。ティンパニはトレモロの他にモティーフのリズムで奏されることがしばしばあるのも新鮮だ。

また拍子やテンポ指定が曲想にあわせてきめ細やかに変化する。例えば第一楽章の第二主題は二／二拍子から四／四拍子に変えられている。また第二楽章の冒頭は二／二拍子でなく弦楽器が六／四拍子、管楽器が四／四拍子になっている。第二主題で全楽器が四／四となり少し幅広いテンポを取る。

こうした「編曲」は、「ブルックナーらしさ」という点で云々されるなら、確かに批判もあるだろう。しかし、オーケストラを効果的に操っているという点では、なかなかよくできていると思う。実際に、上記の指示の内いくつかのもの、たとえば速度変化や拍子の考えかたは、原典版演奏の際にも行なわれているのにしばしば出会うことがある。これはシャルクの処置が適切であった証拠だ。

つまり、シャルク版はオーケストラの機能に素直に書かれた楽譜なのである。先入観を去り、自分の耳だけを頼って虚心に聴いてみるならば、これはこれでなかなか説得力のある音楽であると感じられるだろう。

ブルックナーの響きの本質はオルガンであるとよく言われる。しかし、それなら最初からオルガンで演奏すればよい。演奏媒体がオーケストラである以上、徹頭徹尾オーケストラ的に書かれた譜面があって悪いはずはない。この意味ではシャルク版の改訂内容を「改悪」どころか「改良」と見ることも十分可能だ。

もちろん、第四楽章の大胆なカットは、特に原典版をブルックナー譜の究極の規範と考える人にとって許しがたいことに思われるかもしれない。これについては、第一第二主題の再現部がカットされることでソナタ形式が破壊されていると、ノヴァークをはじめ多くの研究者も指摘している。しかし、そう否定的にならずこう考えてみてもよいのではないか。

55
Etwas zögernd.
Etwas zögernd.

シャルク改訂版ブルックナー第５交響曲の第２楽章の冒頭。拍子表示に指揮者ならではの工夫がみられる。

シャルクはソナタ形式の定型を遵守するよりも、ブルックナーの音楽を彼なりに生かそうとしてカットを行なったのではないか。改訂によって編成の充実したコーダが主要主題（第二主題以外）を鮮明に何度も反復することになるため、シャルクはコーダに再現部的内容を認め、実際の再現部は省略してもかまわないと思ったのかもしれない。私自身は、シャルク版の第四楽章を寸足らずであるとか形式的に貧困であるとは思わない。むしろ呈示部、展開部分、それに続く壮大なコーダが、見事な三部分形式を成していると感じる。ソナタ形式であろうとなかろうと、この楽章はあたかも川の支流が合流しつつ徐々に大きな流れになっていくような感動を私たちに与えてくれるのだ。

もちろん以上は私見にすぎないが、シャルクに師匠のためを願う彼なりの信念があったことだけは確かだろう。私たちは、当時シャルクが理解した以上に自分がブルックナーのことを理解していると言えるか、一度は自問するべきだ。少なくとも私には、ブルックナーから音楽的にも精神的にも直に影響を受けた人間シャルクが、師匠の存命中そう無意味なことをできたとは思えないのである。

いずれにしてもこの第五番に限らず、私たちは多くの点でそれぞれに価値のある原典版と改訂版について、一辺倒になるのではなく、どちらも頻繁に聴かれ、研究されるような環境を望もうではないか。

シャルク版ブルックナー第五の日本初演は、一九九六年七月、私の指揮する東京フルトヴェングラー研究会管弦楽団によって行われ、ライブ録音がＣＤとして発売されている（SEELENKLANG：SEK–1）。また、一九九八年にはレオン・ボトシュタインがロンドン・フィルハーモニー管弦楽団を指揮してＣＤ録音を行った

（TELARC：80509）。再評価の兆しとなることを願いたい。

このシャルク版が一九九八年にわが国で初めて出版された際は、多くの方の理解と援助をいただいた。特に、オーストリア国立図書館音楽部門のギュンター・ブロッシェ博士とエリザベート・ヴァーグナー女史には深く感謝申し上げる。同図書館は、原資料（ドブリンガー社一八九六年刊行の初版）のコピーと出版の許可を与えて下さっている。

シャルク改訂版に対する偏狭な意見が是正され、ブルックナーの音楽について本質的な議論が進み、理解が深まることを願っている。

（『音楽現代』一九九六年七月号所収の論説『改訂版は面白い』に加筆）

管弦楽に編曲されたブルックナーの「アダージョ」

ブルックナーの弦楽五重奏曲の第三楽章「アダージョ」（下の譜例は冒頭部)、この至高の美しさを持つ室内楽を聴く時、私の頭の中では勝手にいろいろな管楽器の響きも鳴り出してしまうのであった。

この「アダージョ」には、弦楽オーケストラに編曲されたものが既にある。コントラバスも入り、音域が下に拡大され、随所で低音が豊かになるだけでなく、弦楽オーケストラになることによって全体に響きのプロポーションが大きくなるために、交響曲を聴きなれた人の耳には違和感がなくなるはずだ。

しかし、それを聴くとますます私の内部で

はフラストレーションが増していったのである。そこまでするなら、どうして管弦楽化しないのか。

私がこの編曲を思い立って実行したのは二〇〇二年のことである。演奏も同じ年に試みた。ジャパン・エレクトロニック・オーケストラという、電子オルガン四台によるアンサンブルである。私はこの団体を一九九九年に設立して以来、ブルックナーの主要作品はほぼ演奏してきたのだが、オーケストラのスコアをじかに見て演奏し、そこにある音は全て網羅する方法をとっているので、このアダージョにおいても管弦楽への編曲の是非をはっきりと確かめることができた。

これに確信を得て、今回オーケストラによる演奏をすることになったわけだ（二〇〇六年三月一八日　大田アプリコ大ホール　東京フルトヴェングラー研究会管弦楽団第一三回定期演奏会）。ただ、電子楽器で演奏する際にはそれほど注意を払わなくても良かった、各々の楽器の音域による音響特性の違いや、和音の厚み、声部の割り振りなどについて、もう一度細かく検討しなおし、スコアを全面的に書き改めた。したがって、今回の演奏をもって、事実上の「アダージョ」管弦楽版の初演と言って良いかと思う。

基本的には、ブルックナーは楽器の響きから音楽を発想して作る人ではなかったと思う。まず、彼の中にどうしようもなく強烈な根本的イメージ、楽想が生じ、それを既成の楽器に移し変えたのではないだろうか。

弦楽五重奏曲の成立の動機や過程について詳しく調べたわけではないが、ブルックナーが弦楽五重奏の形態をいかに愛好していたとしても、そして、この弦楽五重奏曲が室内楽曲のジャンルでの傑作であることに異論はないとしても、できあがった音楽を聴いてみると、やはりここでブルックナーが表現したかった音楽

5
Fl.
mf cresc.
p
Ob.
mf cresc.
p
p cresc.
Cl.
p cresc.
Bn.
pp cresc.
Hr.
p
pp
cresc.
Tp.
Tb.
pp cresc.
Vn.
p
pp
cresc.
Va.
p
pp
cresc.
Vc.
p
pp
cresc.
Cb.
p
pp
cresc.

2

ブルックナー「アダージョ」（管弦楽版）の冒頭

の本質は、弦楽器五本では全面的な実現が難しいと感じざるを得ないのである。

もちろん、特に第一、二楽章では随所に室内楽のたたずまいを感じさせる。室内楽でなければ表現できない繊細な音楽が流れている。しかし、第三楽章「アダージョ」ではそうではなく、重厚な管弦楽の響きでなければならない、と強く感じさせる箇所が多い。

そこで私の編曲は、「アダージョ」の中に閉じ込められているかもしれない管弦楽の響きを、引っ張り出してみたいという気分で行ったわけである。原曲が含み持つものに耳を澄まし、それが極力生かされるように行ったので、無理のない楽しい作業であった。

オーケストラの編成は、打楽器なしの二管編成である。トロンボーンは三本用い、チューバは用いない。ブルックナーの初期の交響曲の編成とほぼ同じくらいか。

基本的に弦楽器はオーケストラの主柱であるから、コントラバスを加えることによる内部の声部の組み換えはあるとしても、なるべくそのままにしていじらないことを心がけた。

これをベースにして、必要なところには管楽器の音色を重ねていく。弦楽器の音色を明るくするためにフルートを加え、強さがほしいときはトランペット、渋味や暗さを出したいときはオーボエやクラリネットを加える。

もちろん、ときには弦楽器を休止させて、静謐な木管楽器の和音や、荘厳な金管楽器のコラールを登場させたりする。

しかし、それも必要最小限である。原曲の放射する音楽から必要と認められたときにのみしか、音色は変えない。もちろん、原曲の音符そのものを変えたり、新しく付け加えたりは極力しないよう心がけた。

だから、よい喩えかはわからぬが、白黒のフィルムをカラーに変換するような、と言えば少しイメージが伝わりやすくなるのではないか。

今回の編曲を、ある意味で大いなるおせっかい行為と言うことも簡単であろうし、ブルックナーだったらたぶんこのように管弦楽化したのでは、と大げさに主張する気もない。しかし、「アダージョ」は私の頭の中では、いつもこう鳴ってしまうのだということを、素直に表明してみたいし、それが聴衆にどう感じてもらえるかを知りたいのである。

（『音楽の世界』　二〇〇六年三月号）

ハインリヒ・シェンカーとフルトヴェングラー

〈ハインリヒ・シェンカー『ベートーヴェン第5交響曲の分析』（音楽之友社　二〇〇〇年）への訳者あとがき〉

本書はHeinrich Schenker: "Beethovens Fünfte Sinfonie - eine Darstellung des musikalischen Inhaltes unter fortlaufender Berücksichtigung auch des Vortrages und der Literatur"（『ベートーヴェンの第5交響曲――演奏と文献についても一貫して考慮された、音楽的内容の論述』）の全訳である。

この論文は初め一九二一年、シェンカーが発行していた雑誌"Der Tonwille"（音の意志）に分載されたが、一九二五年にヴィーンのウニヴェルザール(Universal)社から一冊にまとめて刊行された。

著者ハインリヒ・シェンカーは、一八六八年ポーランドのガリチア地方生まれのオーストリアの音楽学者である。幼いときから楽才を発揮、オーストリア皇室

の奨学金を得てヴィーツの音楽院でブルックナーに師事した。ヴィーンでは、ピアニスト、批評家、編集者として活躍し、ブラームスやブゾーニに認められた程の作曲も残している。しかし、間もなく作曲をすることはすっかりやめ、ピアノや音楽理論の個人指導をした。生涯、音楽学校や大学では教鞭をとらない在野の教師であったが、彼の指導は評判を獲得し、その弟子や友人には、アントニー・ファン・ホーボーケン、オズワルド・ジョナス、フェーリクス・ザルツァー、フェルッチオ・ブゾーニ、ヴィルヘルム・フルトヴェングラーなど著名な学者や音楽家がいる。一九三五年ヴィーンで没した。彼の理論は特にアメリカ合衆国で普及し強い影響を及ぼしたが、これにはナチス・ドイツによって国を追われたシェンカーの弟子たちが大きく関わっている。

シェンカーの主な著作は次の通りである。

理論的著作

＊"Harmonielehre"（『和声法』）：Neue musikalische Theorien und Phantasien, Band 1, 1906（『新しい音楽理論とファンタジー』第一巻）

＊"Kontrapunkt 1,2"（『対位法』）：Neue musikalische Theorien und Phantasien, Band 2–1,2, 1910–1922（『新しい音楽理論とファンタジー』第二-一、二-二巻）

＊"Der freie Satz"（『自由作曲法』）：Neue musikalische Theorien und Phantasien, Band 2–3,

1935（『新しい音楽理論とファンタジー』第二 - 三巻）

楽曲分析や演奏法についての著作

＊"Ein Beitrag zur Ornamentik als Einführung zu Ph. E. Bachs Klavierwerke", 1904（『古典ピアノ装飾音奏法』、一九〇八年の第二版の邦訳あり。野呂愛子他訳、音楽之友社、一九七九年）

＊"Beethovens Neunte Sinfonie", 1912（『ベートーヴェンの第9交響曲』）〔注 その後、音楽之友社より邦訳が出版された。〕

＊"Beethovens Fünfte Sinfonie", 1925（『ベートーヴェンの第5交響曲』、もともとは"Der Tonwille"に一九二一年に分載。なお、第一楽章と楽譜の校訂一覧のみ邦訳あり。ノートン・クリティカル・スコア・シリーズ『ベートーヴェン交響曲第5番ハ短調』エリオット・フォーブス編、福田達夫他訳、東海大学出版会、一九八一年）

＊"Die letzten fünf Sonaten von Beethoven, Erlauterungsausgabe", 1913-1921（ベートーヴェンの最後の五つのピアノ・ソナタ、注解版）〔注 その後、最後の三つのソナタについては音楽之友社より邦訳が出版された。〕

＊"Der Tonwille", 1921-1924（『音の意志』）

＊"Das Meisterwerk in der Musik", 1925-1930（『音楽における傑作』）
＊"Fünf Urlinie-Tafeln", 1932（『五つの基本線表』）
＊"J.Brahms: Oktaven und Quinten", 1934（『ブラームスのオクターヴと五度』）

楽譜校訂

C.P.E.Bach：Klavierwerke, 1902-1903（C．P．E．バッハ：ピアノ作品集）
G.F.Handel: Sechs Orgelkonzerte, 1904（ヘンデル　六つのオルガン協奏曲）
J.S.Bach：Chromatische Phantasie und Fuge, 1910（J．S．バッハ　半音階的幻想曲とフーガ）
Beethoven：Samtliche Klaviersonaten, 1934（ベートーヴェン　ピアノ・ソナタ全集）

シェンカーがその生涯にわたって関心を抱き追及したものは、優れた音楽作品の創作の過程であった。それを知るために彼がとった方法は、作品の細かい音や装飾の音を極力取り除いていき、楽曲の長い部分もひとつの音にしてしまうような還元を行うというものである。これを極端に行えば、作品はその主調の主三和音に行き着くまでに簡素化されることになる。

彼の理論において、最も有名な用語は「基本線」（Urlinie）であろう。これは、平たく言えば、楽曲のガイコツである。シェンカー自身、この概念を煮つめるのにかなりの年月を要している。多くの著作を生み出す過程で、ただのガイコツからさらに小骨を取り除き、最小限の骨格にしていったのである。結局、その最終的な形を、シェンカーは『自由作曲法』(Der freie Satz) で明らかにすることになった。単純化された基本線が、やはり簡潔なバス声部の動き (Bassbrechung) と一体化し、「基本構造」(Ursatz) と呼ばれる楽曲の究極の形を表わしたのだ。

最も簡単な基本構造は、次のようなものである。

その分析を図示するために、シェンカーは独特の楽譜を用いている。本書で「基本線表」として掲げられているものもそのひとつであるが、ローマ数字は和声音度を、カサ付数字は音階の旋律音度を、普通の数字は小節番号と数字付低音を示すなど、ひと口で作品の骨格を感得できるような配慮がなされている。

本書『第5交響曲』は、シェンカーが基本線の考え方を公にし始めた頃の著作であるため、全体として基本線は、まだ明確な形を取っているとは言い難い。基本線、そして基本線表として表わされた分析表は、後

期の著作に較べれば、究極の音への還元ではなく、もっと前の段階、シェンカーの用語を用いれば「前景」（Vorgrund）に関わるものとなっている。

徹底した楽曲の還元作業を通して、シェンカーは作品の創作の過程を見究めようとしたわけだが、結局それは、主三和音が時間の中で曲として形を成すために、分節、発展していくことであった。これを彼は、本書の文中にも繰り返し出てくる言葉であるが、「楽曲化」（Auskomponierung）と呼んで、さらにそのための方法「発展的延長」（Prolongation）をいくつかに分類している。（本書においても頻出するそれらの用語を次に掲げるが、本書の訳出にあたっては、必ずしも同じ訳語で統一したわけではなく、場合に応じて柔軟に取り扱ったことをお断りしたい）。

線的進行(Zug)　=旋律音による順次進行。

分散化(Brechung)　=和音の分散進行。英語の arpeggiation にあたる。

高配置(Höherlegung)　=旋律またはバスの線を一オクターヴ高くすること。

低配置(Tieferlegung)　=旋律またはバスの線を一オクターヴ低くすること。

声部移行(Übergreifen)　=声部の交換をし別の声部に乗り移ったり、装飾音の助けを借りたりして、旋律線の音域を高めたり、復帰させたりすること。

細分化(Diminution)=あるいは装飾。ある音符を、それよりも細かい複数の音符で分割すること。

楽曲を主三和音の発展と見るならば、基本的にはその楽曲はひとつの調性で一貫しなければならない。その点でシェンカー独特の和声概念である「音度」(Stufe)は、和声をより広くとらえるものであった。個々の音度が示すのはひとつの和音でも別の調性でもなく、あくまで主調における座標であると考える。従って、ひとつの音度には複数の和音が含まれていると言える。もし、ひとつの音度に、それの属和音が与えられるとき、一時的な主和音となるが、これは「主和音化」(Tonikalisierung:主和音に至る過程)と呼ばれる。

それにしても、ここまで執拗に楽曲の統一的構造を探り出そうとしたシェンカーの意図は、何だったのであろうか。私には最初わからなかった。

本書との出会いは一九九二年頃であろうと思う。当時、哲学専攻の大学院生であった私は、縁あって個人的に音楽理論を教えていただいていた別宮貞雄教授から、本書を手渡され一読を勧められたのだった。

原書にして八〇ページ程の、決して大きくはない本であるが、読解は難航を極めた。シェンカーの文章は決して読みやすいものとは言えない。つい立ち止まっては細部に拘泥し、文脈といういわばこの本にとっての「基本線」を見失った。それこそ、シェンカーの望まないことであったかもしれない。ようやく通読し、粗い訳文を作り終えると、釈然としない気持ちで私はしばらく本書から遠ざかった。

しかしその後、音楽大学で音楽学を専攻し、再度シェンカーの名に触れることになる。ヴィルヘルム・フルトヴェングラーについて研究をした際、彼の主著『音と言葉』に「ハインリヒ・シェンカー〜一つの時代的な問題」（一九四七）という一章があるのを知った。若い指揮者として歩み始めようとしていたフルトヴェングラーは一九一二年、偶然からシェンカーの著作『ベートーヴェンの第9交響曲』を手にし、深い感銘を受けたという。それを機に、一九二〇年ヴィーンに住むシェンカーを訪問、両者の交友が始まることになる。

シェンカーはまさに考察に値する人物であり、生まれつききわめて幅の広い、深奥な音楽性の持ち主であった。彼は豊かな人間性を所有し、それゆえ多種多様な世界をひとしい愛情で包括することができた。事実、彼はブラームスの交響曲やバッハの「ロ短調ミサ」に精通するのみならず、ヴァーグナーの《ニーベルングの指環》を細部にいたるまで知り尽くしていた。彼はヴェルディやドビュッシーに対しても公正な見方をし、シュトラウス、レーガー、マーラーにも通じていたが、思考の出発点はもっぱらドイツ古典主義音楽に置かれていた。

（『音と言葉』芦津丈夫訳、白水社）

当時のシェンカーは不遇をかこっていたらしい。フルトヴェングラーはカール・シュトラウベに、シェンカーがミュンヘンで就職できるよう斡旋を依頼する手紙を書いている。「この孤高の精神の労働者である人に、ある程度の経済的安泰を保証し、その有能なる才能をドイツ芸術のために役立たせうるようななんらかの地位が、ミュンヘンであたえられますようにお取りはからい願えればと思うしだいです。」(『フルトヴェングラーの手紙』仙北谷晃一訳、白水社)

その後も、フルトヴェングラーはヴィーンに出向く度にシェンカーを訪れ、「指揮することになった古典主義の作品をすべて可能な限りシェンカーといっしょに研究したと言われている。」(ヴァルター・リーツラー「フルトヴェングラーの精神世界」/『フルトヴェングラーを賛えて』ゴットフリート・クラウス編、野村美紀子訳、音楽之友社)

フルトヴェングラーがシェンカーの思想で特に重要と感じたのは、「遠聴」(Fernhören) という概念であった。

遠聴とは遠い地点、ときには楽譜の数ページにもおよぶ大きな連関を聴取する力、その姿勢であるが、それはシェンカーにとって偉大な古典主義ドイツ音楽を特色づけるものにほかならなかった。だからこそシェンカーは絶えずこの古典主義音楽から出発し、終始そこに人々の注意を促し、現代流の音楽に対するその有機的な優位を飽くことなしに指摘したのである。

(『音と言葉』)

これらのフルトヴェングラーの言葉は、私を迷いから引き戻してくれたと言ってもよい。確かにシェンカーの文章には人に誤解を与えかねない点がある。ときに論述が余りにも微視的になったり、自分の認識こそ絶対だと言わんばかりの独断的な口調、また他の学者の著作を厳しい調子で非難し過ぎたり等、なかなかすんなりとは受け入れ難いのである。それがために当時シェンカー本人も世間から無視され、不遇な生活に追い込まれざるを得なかったのであろう。

しかし、それらの難点を突き抜けて、シェンカーの著作が執拗に示したものは、ベートーヴェンを初めとする古典作品の内奥に潜む音の生きた連関であった。そして、シェンカーの仕事は、そうした作品の拠って立つ基盤が激しく動揺した二〇世紀前半の音楽の潮流に、真っ向から対立するものでもあったことは興味深い。

ところで、以来既に半世紀以上が経過した今日、私たちがシェンカーの思索になお意義を見い出すとすれば、それはどんな点であろうか。

一般にはシェンカーの理論は調性音楽にしか適用できないとされており（もちろん、David Beach による異論を唱える研究等はあるにしても）、フルトヴェングラーの言葉を借りれば十分に「古典主義ドイツ音楽」と深く結び付くものであった。この点では、シェンカーもベートーヴェンも時代的には既に過去の人なのである。

しかし、今日でも多くの現代作曲家を差し置いて、ベートーヴェンを初めとする古典作品は、知名度からしても演奏回数からしても、依然、最もポピュラーな音楽のひとつであり、この意味では最も身近な「現代音楽」であるとは言えないだろうか。そのベートーヴェンがどう演奏され、どう理解されるか、これはどうでもいい問題では決してないはずである。

私たちがこの問題を考えるにあたっては、やはり「遠聴」という概念が手掛かりになると思われる。これを身をもって実感することこそが、現代の音楽の営みにおいては極めて希薄なものになってしまったがゆえにである。

今日では、作品の演奏の録音がＣＤやテープとなって出回り、いつでもどこでも気楽に聴かれるようになっている。もちろん普及という点では確実な進歩だが、反面、作品が細切れに聴かれ、解体されていくことにもなる。

実はこれは「遠聴」の体験にとって、致命的な状況なのである。作品に全身全霊をあげて取り組んでも、その深部を一貫して流れる原理を見い出すのは容易ではないのに、現代の聴取の環境は、その原理を追い求めようとする気持ちすらも麻痺させ失わせてしまうようである。私たちは今や、古典主義ドイツ音楽はおろか音楽作品の成立とその享受にとって、危機的な状況に直面しているのではあるまいか。

そんな私たちが、かつてシェンカーが孤独の中で試みた、巨匠の一貫した創作過程を明かそうとする苦闘を知ることは無意味ではないと思うのだ。

特に米国では大きな影響を持ち、英訳もかなりの分量が行われているシェンカーの著作が、日本では完訳された著作がまだ一冊しかない。今回の『第5』をきっかけに、『和声法』や『自由作曲法』などの主要な理論書、また『ベートーヴェンの第9交響曲』などの分析書も日本語で読める環境が整備されていけばよいと願う。

副題からもわかるように、本書の内容はいわゆる音楽学者のみに向けられたものではなく、演奏家や聴衆の営みにも示唆を与え得るものであろう。分析のための分析ではなく、まさに音楽家の本能から発したものであることを強く感じさせる。したがって訳にあたっては一般の読者を念頭に置き、楽譜や基本線表を頼りに、著者の叙述に付いていけるような訳を目指し、文体もデスマス調にして、あたかもシェンカーの講義を直に受けているような臨場感を出そうとしたつもりである。

本書の翻訳を勧めていただいた別宮貞雄教授には、訳文を通読の上、意見を述べていただいた。また、採算の取れる出版物としては成り立ちにくい本書の意義を説き、出版の発端を作っていただいた。深く感謝している。他にも、ドイツ語の質問に答えていただいた独文学者の吉田真氏、学生時代から助言をいただいた桐朋学園大学の西原稔教授、シェンカーの著作をお貸しいただいた加田萬里子教授にも、翻訳の完成をここにお知らせできることを嬉しく思う。

今回の出版にあたっては音楽之友社出版部第一グループ長の石川勝氏にお世話になった。また、優柔不断な訳者を励まし、粘り強く完成まで漕ぎ着かせていたのは、出版部の大高達夫氏である。その他多くの方のご尽力を頂いたことを、最後に書き添えておかねばならない。

現代日本の「レクイエム」

モーツァルトの至高の遺作「レクイエム」。世界中で無数に歌われている。もちろん、歌詞はオリジナルのラテン語で。しかし、その言わんとすることを人は本当に実感を持って歌い、聴いているだろうか。こんな疑問を私は長く抱いていた。

もちろん歌詞がわからなくても、音楽が十分にすばらしいためか、切実な欠落感はないように思う。それに歌詞は対訳などによって勉強することができ、字幕スーパーなどを使えば演奏中にも知ることはできる。しかし、やはり日本人である私たちは、日本語で歌って聴いてもらいたいという気持ちを心のどこかに持っているのではないか。さらに、クリスチャンでない私のような多くの日本人にとって、教義的に忠実な訳でなく、死者を悼む人間普遍の感情に即した訳が必要なのではないか。

かなり昔に出版された日本語歌詞付きの楽譜はある。しかし、それは風格は感じられるものの、あまりに古めかしく、今の人は全く使わないような文語体だ。これならばラテン語で歌うほうがましだ。

そうした考えから、さる9月、私はレクイエムのラテン語テキストを現代日本語にして実演してみたのである。

管弦楽の演奏はジャパン・エレクトロニック・オーケストラ（ＪＥＯ）という、電子オルガン四台のアンサンブル、すなわち電子オーケストラが担当した。これは一九九九年に私が創立したプロの演奏団体で、これまでオーケストラのレパートリーを本格的な音響で再現し、好評を博してきた。

この電子オーケストラの意義を簡単に説明すると、過去に書かれた曲は書かれた当時の楽器を用いるべし、という古楽器主義の正反対であると言える。現代に生きる私たちは、それがモーツァルトであっても現代の楽器で演奏して良いはずだ。優れた機能を持つ現代の楽器だからこそ、過去の曲がさらに鮮やかにすばらしく再現されるということは、もっと考えられて良いと私は思う。

「レクイエム」日本語歌詞（作成　野口剛夫）

一　安らかに

安らかにいつまでも、おやすみ下さい。
主よ、彼らをいつも明るく照らし護って下さい。
主よ、あなたを誉めたたえます。
あなたとの約束は果たされるでしょう。
どうかこの祈りをお聞き下さい。
あなたへ最後は皆が帰るのです。
お恵みを彼らに、神よ。
主よ彼らに光を。いつまでも続く光を。

主よ、あわれみを。
キリストよ、あわれみを。

二　怒りの日

その日は怒りの日。
この世は滅びる。全てが燃え尽きる。
そこ知れぬ恐れ。全てが裁かれる。
誰も逃れられない。厳しく裁かれる。
恐ろしい裁きが下る。その日は怒りの日。
厳しい主が来て、罪人を裁く。

三　ラッパの響き

ラッパが響き渡る。
不思議なラッパが響く。
いま全ての人間は、神の前に出る。
恐ろしいことに、全ての人は神の前で裁かれる。
人が何をしても全て神は見ておられる。
誰もみな神の前で裁かれる。
どんな罪も神の目には、みな見えてしまうのだ。
隠すことはできない。
どんな言い訳もできない。
誰も助けてはくれない。
その日は良い人も恐れる。

四　主を恐れよ

主よ、厳かなお方。
神を恐れよ。
救いの神よ、お恵みを。
神を信じよ、救いを、恵みを。
どうか、あわれんで下さい。

五　忘れないで

どうか私を忘れないで主イエスよ。
あなたは私のために来られた。
どうか主よ、裁きの日に私を許して下さい。

私の罪を許すために十字架に付けられた。
こんな大きな犠牲はない。こんな大きな愛は。
正しく裁く神よ、人の罪をお許しを。
裁きの日が来る前に。
哀れな私よ。
計り知れぬその罪。
救い主はあなただけ。
人の罪を許し、
人の懺悔を聞き、
私にも望みを下さった主よ。
もしできることならどうか、
私を忘れないで、主よ。
私に命を。
悪の道を歩まぬように導いて下さい。
私をお護り下さい。

六　裁きの日

裁きの日、罪人は火で焼かれるのだ。
私をお救い下さい。
火で焼かないで下さい。
どうか見捨てないで下さい。
主よ、祈りを聞いて下さい。
恐れを鎮めて下さい。
どうか主よ、見捨てないで下さい。

七　涙の日

涙があふれる日。
人はみな蘇り、主の前で裁かれる。
あわれんで下さい、慈しみ深い主イエスよ。
いつまでも安らかに、アーメン。

八　主イエス・キリスト

わが主イエス・キリスト、栄光の神よ。
人の魂を滅びから救って下さい。
裁かないで、深い闇から救って下さい。
どうか救い出して、ライオンの口から。
魂が闇の中に留まらないように。
嫌です、闇の中は。
天使の助けにより魂が導かれますように。
聖なる光へと。
主を信じる全ての人が救われますように。

九　捧げます

賛美の捧げものと祈り、
どうか神よ、お受け下さい。
これから送る仲間のために、
いま旅立つ魂たちのために。
主への祈り、心を込めて、
賛美を捧げます。
これから送る仲間のために、
いま旅立つ魂たちのために。
永遠の命を与えられるために。
主を信じる全ての人が救われますように。

一〇　気高く清い

主よ、気高く清いわが主。
恵みは世界にあふれる。
讃えよ、わが主を。
主を讃えよ。

幸あれ
幸あれ、神を信じる人に。
主を讃えよ。

十一　十字架の主

世の罪を十字架で背負った主よ。
彼らに安らぎを。
主よ、今こそ休ませて下さい。
いつまでも照らして下さい。
主よ、あなたの恵みを信じます。
人は神の光を求めている。

お恵みを彼らに、神よ。
主よ、彼らに光を。
いつまでも続く光を。

主と共にいつまでも。
主よ、あわれみを。

さて、レクイエムのテキストを日本語にすると、確かにラテン語とは語順や語数を始めとして、いろいろなズレが生じる。アクセントの位置や、発音も相当に変わってしまう。

しかし、それらのダメージにも関わらず、なお日本語で歌い聴かれることが重要だと思うのは、母国語を用いることによって、素直に感情を込められるようになるからだ。

また、クリスチャンでない人にも切実に言葉が迫るよう、思い切って日本人には馴染みの薄い言葉を変えたり、エッセンスの表現に直した箇所がいくつかある。たとえばキリスト教特有の用語である「神の子羊」は「十字架を背負った主」に、また「アブラハムの子孫」は「主を信じる全ての人」などと変えた。

異論はあるだろうが、とにかく魂の平安を願い、罪を裁く神を恐れ、救い主の愛に感謝する、宗派を超えた人間普遍の感情を表したいと思って作ったわけだ。

合唱団もこの私の考えに賛同していただいた人で構成された。結果として、歌手、音大生、ＯＬなど様々な方々で日本鎮魂合唱団という小さな団体を新たに組織したわけだが、最初はメンバーがさっぱり集まらず困った。

やはり多くの人はレクイエムを日本語で歌うことに抵抗があるらしい。ラテン語のために作曲されたものはラテン語で歌うのが当然だ。なるほど、もっともな意見である。それに加えて、キリスト教の内容を扱い、天才モーツァルトの作品とあっては、皆さんの暗黙の了解が、つまり神聖不可侵の掟を犯すなかれ、という声なき非難が聞えるようでもある。

しかし、ちなみにレクイエムを歌っている人に、ラテン語テキストについて尋ねてみるといい。原語に則して、テキストの意味を理解している人はいくらもいないのだ。残念ながら、ほとんどの人は意味には全く無頓着、ひたすらテキストにカタカナをふって歌っているのが現状だ。また、たとえある程度テキストに関心があったとしても、直訳の日本語を通じてであるから、自らの血肉として理解するというわけにはいかない。言葉としては知っていても、意味としての理解は別のことである。

それならば無理をしないで母国語で歌ったら良いじゃないか。訳もわからずひたすら有難がっているなんて、やはり変だと思う。モーツァルトの至高の傑作だからといって、ここまでして形式的な原典主義を守る必要があろうか。

そして、日本語で歌うレクイエムが、いかなる反響を呼んだか。思いのほか好評だったのである。テキストの意味を体感しながら歌い聴かれることができる。これまでは音楽としてのみ接していた部分が、さらに奥深く重い感動をもたらす。

あらためて思ったのは、レクイエムでは同じ言葉が幾度となく執拗に繰返されることであった。言葉の種類は限られていて多くはないが、繰返しの回数は尋常ではない。中でも突出しているのが「憐れみたまえ」だが、有名なフーガのテキストはこれだけなのである。ラテン語で歌う場合はそんなに意識しないのだが、日本語になると意味が明白であるから、繰返すたびにその言葉の重さ、過酷さが否応なく我が身に染みて感じられる。ある意味で歌うのがとても辛くなるかもしれない。

しかし、それでいいのだ。そこまでして、ようやく私たちはレクイエムと真正面から向かい合い対決したことになるのではないか。

歌詞が現代日本語であり、管弦楽には日本の最先端の楽器である電子オルガンを用いる、その二つの意味において、この「レクイエム」演奏は、現代日本に生きる私たちならではの産物の一つと言える。今回の体験を通じて少し考えた。原典に忠実に演奏することに夢中になってきたことによって、私たちは原典主義者の原典知らずとなり、思わぬ落とし穴にはまってしまっているのかもしれない。これは日本人特有の舶来品礼賛、ブランド品信仰と一脈通じるものがないだろうか。ヨーロッパが培ってきた長い伝統を顧みず、形だけをそっくりそのまま輸入する。その真似事は上手だが、本質に迫ることを忘れてしまっているのではないか。
そのツケが相当にたまっているのであれば、まさしく抜本的な対策を考えねばならない時期に来ているのではないだろうか。

（『音楽の世界』二〇〇六年十一月号）

ジャパン・エレクトロニックオ・ーケストラ（JEO）第15回定期演奏会でのモーツァルト《レクイエム》日本語版初演　合唱：日本鎮魂合唱団　指揮：野口剛夫（2006年9月14日　ヤマハエレクトーンシティ渋谷）

日本語で歌うベートーヴェンの「第九」

世界でも類を見ないような「第九」の演奏回数を誇る我が国。しかし、本当に最初から最後まで集中して、味わうことができているのか、私は疑問を持っている。

全曲演奏したとしても、全曲聴かれなければしょうがない。これは禅問答なんかではないのだ。第二楽章と第三楽章の間で、合唱団やソリストが入場することがよくあるが、こういう場合、歌手は第四楽章でコンディション良く歌うことしか考えていないことが多いのではないか。それまでは楽屋でおしゃべりに興じたりして、演奏などろくに聴いていない。これは由々しきことではないか。第一楽章から第三楽章まで、じっと耐えて、わが身の運命として受け止め、味わってこそ、第四楽章において「歓喜のテーマ」が厳かに始まるとき、言い得ない感激を覚えるのではあるまいか。だから、今日の演奏はソリストも合唱団も全員が舞台上で最初から、この交響曲の響きを共に体験してもらうことにした。

今回の「第九」演奏は、日本語訳によって行われる。この訳は昨年作成し、二〇〇七年九月二四日、ヤマハエレクトーンシティ渋谷でのジャパン エレクトロニック オーケストラ（ＪＥＯ）第一七回定期演奏会で初演された。テキストはもともとドイツ語なのだから、ドイツ語で歌い、聴いてもらいたいというのは至極もっともな考えではある。しかし、実際テキストの意味を理解して歌っている人がどれだけいるのだろうか。

対訳を見ればよい、とか、そんな簡単な話ではない。外国語をそのままで意味もニュアンスも体現、体感できる人なんて、滅多にいないのである。確かに正しいコーチを受ければ、きれいな発音、立派なイントネーションで、歌うことはできよう。しかし、それはしょせん受け売りであるから、人間の本当の表現ではない。外見を整えただけに過ぎない。さらに言えば、シラーの原詩をそのまま歌ったところで、そこにどれだけの現代的意義があるのだろうか。「歓喜」を「天国の乙女」と呼び、「全世界よ、この口付けを受けよ」「人々よ抱き合え」と叫んだとしても、それが根底の意味において、素直に受け止められるのだろうか。街中で、通りすがりの人に口付けをしたり、いきなり抱きついたりしたら、愛の表現どころではなく、警察行きである。もはや、シラーの詩は精神は良いとしても、まとって

ベートーヴェン：交響曲第９番ニ短調作品 125《合唱付》（野口剛夫による現代日本語歌詞版）ソプラノ：渡邉真弓、アルト：山口克枝、テノール：佐藤敦史、バリトン：加藤史幸、東京フルトヴェングラー研究会管弦楽団、東京フルトヴェングラー研究会合唱団、指揮：野口剛夫（2008 年 3 月 15 日　本郷中央教会）

いる衣裳は時代遅れのところがあり、そのままの形では、失笑や拒絶を招きかねないものになっているのではないか。それを、オリジナルさえやっていればよい、というような風潮の中に安住しているならば、むしろこれはシラーの本当に言わんとすることとの直接の対決を避けてきたとも言えるのである。

だから、現代日本語に「意訳」してみることにした。時代を経ても賢くなるどころか、ますます欲望が肥大化し、知性は傲慢となり、物量に囲まれていても精神的には貧しくなっている私たち。そんな情けない現代人の魂とシラーの原詩の精神を仲介できるようなものを作ったといえばおおげさか。もはや神が信じられず、「口付け」も「抱擁」も簡単にはできない、孤立化し冷え冷えとした現代人が、まだしもできることとは何か。それは「祈る」ことではないか、と思った。すぐには喜べない、人と和すことも本当にはできない、固く閉ざされた人間の心を開くには、どうしたら良いのか。今回の演奏を通じてまた考えてみたい。

シラー「歓喜の歌」（訳詞　野口剛夫）

こんな響きでは駄目なのだ。
これからもっと希望に溢れる歌を始めよう。
喜びを分かち合うために。
さあ、歌おう。

喜び、それは魂の命。
希望の炎は心を燃やす。
人の争いが絶えぬ世界も
喜ぶ力が一つに結ぶ。
心の友こそ、真の友だ。
気高い魂、互いを結ぶ。
この世に輝くひと筋の光
それは揺るぎない心の絆。

喜びは生き物全ての願い。
苦しみ乗り越え喜び掴め。
真の友と手をたずさえて、
神のみ前に立つために進もう。
行け、行け。

そう、喜びは赤く燃える太陽のようだ。
高い空で明るくいつまでも輝く。
勇気出して空へ、さあ共に進もう。
どんな試練が待っていても、
ひるむことなく。

今こそ祈ろう、争い越えて。
空を見上げよう、神はいるこの世に。
見えるか、真が。
神を信じるか。
さあ、求めよ神を。
確かにいる、神は。
聞け、神の声を、愛の神の声。

全ての人が手をとり、喜び合えたら。

今こそ全ての人よ、祈ろう。　　　　　　　　　　　　　　　　喜び求めよ。
喜び願えば、世界は変わる。

（東京フルトヴェングラー研究会管弦楽団第一七回定期演奏会（東京フルトヴェングラー・フェスト二〇〇八）プログラム）

ブルックナー・ミーツ・エレクトーン

エレクトーンで過去の名曲を演奏することの意味

はじめに

電子オルガンの奏者でも指導者でもない私が、本会（全日本電子楽器教育研究会）のような専門家の論文集に寄稿することにはためらいもあったが、この楽器の可能性に強い関心を持つ者として、自分の体験や考えを広く知っていただけたらと思い、以下に小文をまとめてみた次第である。

私は研究評論の傍ら、折りにふれオーケストラの指揮に関わってもいる。四年程前から、エレクトーンによるアンサンブルがオーケストラの作品を演奏するのを耳にしたことはあったが、初めは正直言って好きになれないでいた。オーケストラの「ような」音を電子技術で巧みに出しているのに感心はしたが、どうしても安易な代用楽器に思えてしまうのである。また、日頃からオーケストラの響きに馴染んでいるので、それと比較してしまうのである。

もっとも、エレクトーンでオーケストラを代用させれば、経費はオーケストラの約一〇分の一で済むという経済的なメリットは画期的と思ったが、音楽的に積極的な価値を見い出すまでには至らなかった。

私が考えを変えたのは一昨年の夏である。ピアノ協奏曲の伴奏として四台のエレクトーンと一台のシンセ・パーカッションを指揮する機会があった(日本音楽舞踊会議・全日本電子楽器教育研究会主催　第二四回ワークショップ&コンサート　一九九八年七月三一日　ヤマハエレクトーンシテイ渋谷)。そのときの演奏は音楽として満足のいくものとは言えなかったが、エレクトーンの能力を実体験することができ、この楽器の可能性について考える契機になったように思う。

個性のない個性？

乱暴な言い方かもしれないが、エレクトーンには独自の音というのはない。同じような音はシンセサイザーでも出る。また、新しい音をいくらでも作り出すことができる。それは、アコースティック楽器と決定的に違う点であろう。楽器が自らで個性を作り、またそれを変えていくからだ。

その特性のおかげで、今日のエレクトーンの地位があるのであり、ポピュラー音楽やオペラの伴奏などで重宝されているわけだが、実はこのことは裏を返せば、決して手放しでは喜べない危険を内包しているとも言える。それは「エレクトーンの本当の個性とは何か?」、つまり、何でもある程度はできるが本当にできるものがない、と非難されることにもなりかねないからだ。

音楽そのものに迫るべし

何にでもなれそうでなれない……機能が充実し、いろいろなことができるようになればなるほど、本来の自分がわからなくなっていく……そんなジレンマをエレクトーンと、その関係者はこれまで引きずってきたと言えるのではないか。

しかし、そろそろこの問題に対してはっきりとした答えを見つける、いや、答えは無理でもせめて悟りくらいは得られない限り、この楽器に明るい未来は望めないのではないかと思えてしまう。

そこで私なりに考えてみた。

これからのエレクトーンは、むしろその変幻自在の特性を前面に出すのではなく、つまり何かの楽器の真似ではなく、音楽そのものを表現していこうとするべきなのではないか。

この楽器は、個々の楽器の境界を取り払ってしまった。だからこそ、もはや楽器の特性にしばられず、音楽のエッセンスそのものに肉薄することができるのではなかろうか。

過去の作品に光を当てる

そのための方法は大きく分けて二つあると考えられる。

まず、エレクトーンの機能を熟知した現代の作曲家が、この楽器のために新曲を作ること。これは今までも行われてきたオーソドックスな道である。その点では本会も、現代日本の多くの作曲家に働きかけ、優れた作品を産み出させてきたという功績は、極めて高く評価されるべきものであろう。

しかし本稿で問題にしたいのは、もうひとつの方法である。それは既成の別の楽器のための作品を新たな視点から解釈して演奏するということなのである。もちろん、エレクトーンが他の楽器のための作品を弾くことは、今までも頻繁に行われてきている。しかし、私が言いたいのは、「エレクトーンでも弾ける」ということではなく、「エレクトーンで弾くと新しい発見や魅力がある」レベルまで行かなければ意味がない、ということなのだ。

今までは、エレクトーンがピアノ曲を演奏しても、オルガン曲を演奏しても、またはオーケストラの曲を演奏しても、どうしてもオリジナルの楽器との比較で論評されてしまいがちではなかったか。

これは、余りにも原曲のイメージが私たちの脳裏に強く残りすぎているのにも原因があるが、それだけではないだろう。奏者が、どこか原曲に気がねし、エレクトーンで弾くことに今ひとつ自信が持てないまま演奏してきたからでもあるのではなかろうか。

しかし、そう考えて気弱になれば、ますます代用楽器のイメージを助長するだけだ。それに、これではエレクトーンの持つ素晴らしい特性にとって余りにもったいないことだと思うのである。

そこで、私たちは発想を変えてみたい。エレクトーンだからこそ表現できること、それがあると信じて、総譜を眺めてみるのだ。

過去の作曲家が、当時の楽器、当時のオーケストラに本当に満足し、自分の楽想を完全にそれに託すことができていたのか。どうしても託しきれない部分、当時の能力の枠の中で妥協していた部分があるのではないか。作曲家によって差はあるにしてもそれは必ずある、と私は考える。

そうでなければ、楽器の進歩ということも理解できないのである。楽器の進歩は、当時の作曲の現場から生じてくる要請との絶えざる競争であったはずだ。

オーケストラ的な作品とそうでない作品

もちろん、当時の作曲者が、例えば数ある演奏媒体の中からオーケストラを選択したのであるなら、あくまでそれで演奏するのが本道である。経費がかかろうとも、人間関係が面倒であろうともその本道は大いに尊重されねばならない。

しかしその上で、音楽的な欲求から、オーケストラのために書かれた作品をエレクトーンで演奏しようというのなら、まさしくエレクトーンでしかできないことにこそ意義を見出さねばならない。二番煎じになってはいけないのである。

一九九六年に台北で、台湾の音大のグループが、マーラーの交響曲をエレクトーンで演奏したものをビデオで鑑賞したことがある。過去の作品となるとオーケストラの代役として、オペラの伴奏などに甘んじていた感のあるエレクトーンを前面に押し出し、可能性を探ろうとする意欲は評価されるべきであり、先鋭な興味深い音響が聴けるのも確かだ。しかし、その面白さが、果たして作品の本質に即したものであるのかどうか。

指揮者としても活躍し、オーケストラの楽器法の長所も短所も熟知していたヴァーグナー、マーラーやリヒャルト・シュトラウスらによる総譜、それをあえて別の楽器で演奏する場合は注意が必要だろう。たとえば、マーラーの交響曲で出てくる巨大なハンマーの打撃や、シュトラウスの交響詩におけるウィンド・マシーンなど、当時効果音として模索された楽音以外の要素がある。こうした部分をエレクトーン、いやエレクトーンに限らなくてもよい、現代の技術の粋をつくした電子楽器が肩代わりし、科学の未発達な頃よりも立派な音を得られる可能性はある。ただし、それによって得られる成果は、作品の生命にとっても、電子楽器の能力にとっても副次的なことであろう。

オーケストラを強く意識し、その演奏能力の枠の中で発想されるような傾向を持つ曲、つまり余りにオーケストラ的な曲は、一般にはエレクトーンの演奏に向いていないのではないかと考えられる。エレクトーンで演奏する場合は、電子音がオリジナルのイメージを損なって、聴き手に違和感を持たれぬような工夫をする必要があろう。

ブルックナーのオーケストレーション

しかし、作曲者が当時、楽器法に不慣れであったとか、楽器の性能をはるかに超えた楽想を抱いていたというような場合はどうか。もしそうなら、作品の本来的な姿が、現代にして初めて立ち現われるのではないかという期待すら持つことができよう。私たちが、過去の作品の、これまで思ってもみなかった美に出会うという、画期的な心躍る瞬間に居合わせることも夢ではなくなってくる。

そんなことを考えるのに私がうってつけと思うケースのひとつがブルックリーの交響曲なのだ。

ブルックナー(一八二四―一八九六)は、自らはオルガン奏者として生活し、荘厳な響きを持つ大規模な交響曲によって知られる。しかし、交響曲の大家であるはずの彼は、オーケストラの指揮をしても、内気な性格のためか全く要領を得なかったという。ヴィーン・フィルハーモニーの練習で自作を指揮した際、いつまでたっても振り出さない。楽員が「どうぞ始めてください」と頼んだところ、ブルックナーは「皆さんの方からどうぞ」と言ったという逸話が残っている。

ブルックナーはオルガンの名手であったのにオルガン作品は少ない。オーケストラにこだわった。しかし、その音楽であるが、オーケストラの曲としては相当に変わったものであることは確かだ。

たとえば、数十小節も切れ目なく同じ音が持続させることがよくある。弦楽器であれば凸凹しながらもなんとか演奏できるが、管楽器にとっては循環呼吸法でも身に付けない限り無理である。楽譜通りには演奏不能なこうした部分は、オーケストラの奏者は運弓法を工夫したり、途中何度も息を取り直したり、複数の奏者で継ぎ目があからさまにならないように配慮したりして、しのいでいるというのが現状である。

同じ音形のあくなき繰り返しも、「普通」の音楽とは思えない。とにかく、持続や反復が多い。人間の限界など超え出てしまうような、法外なエネルギーを求められる。

それに、頻出する全部の楽器によるユニゾン進行。これはすごい効果がある。大魔人が仁王立ちしているような、人間離れした音響、宇宙の鳴動だ。確かにそこにもフレージングはある。しかし、それは人間の息づかいではなく、もっと大きくて深い、大地の呼吸ともいうべきものを感じさせるのだ。

総譜として見れば、個々の楽器の特性は余り配慮されていないと感じられる。どうしてもこの楽器でなければならないという、必然性が弱いようだ。せいぜい、弦か管か、木管か金管か、くらいの区別である。作曲者の頭の中で鳴っているオルガンの音のようなイメージがまずあって、それにオーケストラの楽器を割り振っているという趣である。

彼が同じ曲を何度も書き直したという話は有名であるが、これも前述のような彼の音楽のいささか「無節操な」特性と無関係ではないだろう。ひとつの交響曲について二つも三つもの異なった稿が存在するという奇妙なことになったわけだが、それらを較べてみると、同一箇所で楽器の割り振り方が全然違うことがある。あるバージョンでは弦楽器だけで演奏されていたかと思えば、別のでは木管楽器だけであったり、弦にホルンを重ねていたりする。もちろん、これら異稿の成立過程で、ブルックナーの熱心な弟子たちの助言や進言があったとも考えられ、ことは単純ではないが、ひとつの作品にこれだけ違う異稿が存在すること自体、他の作曲家ではまず考えられないことである。

オルガンとオケの長所を兼ねるエレクトーン

最近よく見られる試みに、彼の交響曲をパイプオルガンで演奏するということがある。自らが大変優れたオルガニストであったブルックナーの交響曲は、オルガン的な響きを持つと言われ、確かにパイプオルガンで聴いてみるとうなずける部分も多い。

しかし、もしそれで十分だとしたら、当時ブルックナーはオルガンのために作曲したはずである。彼にはオーケストラという演奏手段の方がより好ましかったことが間違いないのは、オーケストラとパイプオルガンで同じ曲を聴き比べてみれば明らかであろう。オルガンは、音の持続と響きの均質性という点ではオーケストラよりも優れているし、ブルックナー作品の本質にもふさわしいと思わせる。しかし反面、余りに表情が乏しく、楽譜の強弱指定などに対応できないため、平べったい音楽になってしまう。

とはいえ、オーケストラにとっても、ブルックナーの、あたかも悠久に連なっていこうとするような息の長い音楽は荷が重く、人間の息をもってしては十分でなく、時に痛々しく思えてしまう。どうも、彼はオーケストラを巨大なオルガンとみなして作曲しているような感じがしてならない。

そこでこう考えたくなる。つまり、ブルックナーの音楽は、オーケストラとオルガンの両方の特性を兼ね備えた演奏媒体を待ち望んでいるのではなかろうか。

エレクトーンへの期待

したがってエレクトーンによる成果に私は大いに期待しているわけだ。現代の、いわば高度に進化した鍵盤楽器であるエレクトーンが、オーケストラともオルガンともつかぬブルックナーの音楽のエッセンスをすくい上げ、そこに光を与えるのではないか、という期待である。

一九九九年九月に、その最初の試みとしてブルックナーの第九交響曲を、私の指揮する四台のエレクトーン(西山淑子、橘光一、宮原佐智、森田沙織)と、ティンパニのパートを担当するシンセ・パーカッション(沖雄二)で演奏した(日本音楽舞踊会議・全日本電子楽器教育研究会主催第二七回ワークショップ&コンサート、一九九九年九月二四日ヤマハエレクトーンシティ渋谷)。

エレクトーンにはオルガンのような音の持続はいくらでも可能である。また、音色も多様に変化させられる。これだけなら少々進化したオルガン程度だが、さらにエレクトーンは、クレッシェンドやディミヌエンド、スフォルツァンドやピチカート、ヴィブラートなど、オーケストラの楽器の語法も持っているのである。

オルガン的とオーケストラ的、この二つの特性を合わせ持つエレクトーン・オーケストラの提示した響きは、全体としてはまだ既成のブルックナー演奏のイメージに囚われている部分もあり、発展途上の感はあったが、一方、これまでいかなる楽器編成でも聴いたことのないような精緻かつ幽玄な音の世界を随所で現出させもしたのだった。それは、オルガンの純粋さとオーケストラの表現力の融合とでも言えようか。そして、この響きがブルックナーの音楽と非常に親和性があることを実感できたのである。

また、場合によっては、細心の注意を要するにしても、一歩進んで当時の作曲者が実現したくてもできなかった意図を明るみに出すという試みにも踏み込めるかもしれない。

たとえばクレッシェンドやディミヌエンドである。エレクトーンでは最小音量がゼロまで可能であるから、非常に幅の広い表現が可能となる。これは画期的なことである。もちろん、当時の総譜の指定では、音量ゼロからのクレッシェンドや、または音量ゼロへのディミヌエンドはない。しかし、ブルックナーの音楽では、そのように演奏してみたくさせるような部分があった。

第九交響曲の第三楽章の締めくくりの部分を例に挙げる(譜例参照)。そこではホ長調の至福の和音が、まさに永遠に溶け込んでいくように響き続ける。オーケストラの楽器ではブレスの都合などで限界のある音の持続は、エレクトーンによって思う存分引き伸ばすことができるであろうし、音量をゼロになるまで減衰させていくこともできよう。また、第一ヴァイオリンによる、教会の鐘を模したような音形は、まさにエレクトーンによって遠くから聞こえてくる晩鐘の音として再解釈することができるのである。

Z
240
1. Fl. 2. 3.
1. Ob. 2. 3.
1. in A Klar. 2. 3. in A
1. Fag. 2. 3.
1. 2. in F Hrn. 3. 4. in F
cresc.
Ten.-Tb. 1. 2. in B
B.-Tb. 1. 2. in F
1. in F Tromp. 2. 3. in F
A. T. Pos. B.
K.-Btb.
ppp
Pk.
Viol. 1
Viol. 2
Vla.
Vc.
Kb.
pizz.

ブルックナー／交響曲第九番（ハース版）の第三楽章の終結部

この第九交響曲の演奏会は幸いにも好評を博し、CDが制作された。また、この演奏会の続編として、今年（二〇〇〇年）はブルックナーの交響曲第8番の演奏を計画している。

奏者に求められるいっそう高い要求

もちろん、ブルックナーをいつもエレクトーンで演奏すべしと主張するのではない。これまで述べてきたのは、あくまでブルックナーの音楽のある部分に過ぎないからだ。個人としてもブルックナーをオーケストラで演奏したものが好きである。しかし、然るべき理由づけのもとなら思い切って試みてみるべきだろう。これを楽器の技術的進歩から出た歴史的必然と呼べるかどうかは、まだ論議が必要であろうが、決して無駄な試みではない。現代ならではの技術による音楽的達成が、部分的にはオーケストラを凌駕する瞬間を体験させてくれるかもしれない。そして、それがブルックナーという音楽家の特性を考える上で重要な示唆を与えてくれるかもしれないのだ。

ただし、同時に痛感したことがある。この試みのように、既成の楽譜や楽器の機能を鵜呑みに信じずに、作曲者の意図にまで思いを馳せて演奏しようとするとき、演奏者への要求はいっそう複雑になり厳しくなるのである。ただ音を出せば良いと開き直ることができなくなる。頼れるのは自分の感性だけだ。まず自分が豊かで正確な音楽のイメージを持たねばならなくなる。

また、重要なこととして強調したいのは、私たちは作曲者ではないということである。今回のような試みにおいては確かに豊かなファンタジーが求められるとはいえ、それが本来の作曲者の意図を超え出てしまうことがないよう、細心にも細心の注意を払わねばならないだろう。エレクトーンの機能をもってすれば、偉大な作品を勝手気ままな音響の遊びに変えてしまうことも可能だ。しかし、それは厳に戒められねばならない。私たちはこの音楽の放つ厳粛さと自身の想像の間で、良い意味での緊張を、バランスを維持することが必要だ。

さいごに

エレクトーンがどんなに巧みに演奏しようと、オーケストラとも、パイプオルガンとも違うのは当り前である。聴衆には、規制概念ではなく、エレクトーンがあくまで作品のエッセンスに迫り、それを表現しようと苦闘しているのだ、ということを念頭において聴いていただくことを望みたい。また、ブルックナーを皮切りに、この新しい視点から過去の作品をとらえ直そうとする試みは、今後、様々な作品へと向けられるべきだろう。メーカーや演奏家の方々の理解と協力を切に願っている。

(『全日本電子楽器教育研究会　論文集』二〇〇〇年)

指揮棒とは？　そして指揮とは？

〔エックハルト・レルケ編『指揮棒は魔法の杖？　マエストロが語る指揮棒考』（音楽之友社　二〇〇六年）への訳者あとがき〕

本書はEckhalt Roelcke "Der Taktstock~Dirigenten erzählen von ihrem Instrument"(Paul Zsolnay Verlag, Wien, 2000)の全訳である。

訳了して思いを強くするのだが、やはりみずから音を出さない指揮棒は本来の意味では楽器ではないのだろう。それに指揮棒はあらゆる指揮者にとっての必須の道具でもない。ある人にとって指揮棒は必要だが、それすらも本当に必要かどうかという確証は得られていないのだ。

だから、「指揮棒」というタイトルをもつ本書の内容が、しばしば指揮棒を離れて、指揮者による音楽論にならざるをえないのも当然だが、それでは本書の意図は的はずれであったかというと、そうではないであろう。指揮棒を用いようと用いまいと、これについて質問することで、指揮者は自分のしていることの本質について熟考せざるをえなくなるからだ。

指揮棒は自ら音を出さないが、それを使う指揮者もまた、自ら音を出さない、ある意味では怪しげな存在だからである。指揮棒も指揮者も、それだけではまったくの無力である。

しかし、その指揮者が演奏行為の核を担うことができる。最も偉大な演奏行為が可能かどうかは、指揮者の如何によって決まる。それはまさしく、指揮の魔力、指揮の不思議と言うべきものなのであろう。

本書のインタヴューを読み進めるうちに感じられるのは、今後の指揮のありうべき姿であろう。本書でも引用されている『フルトヴェングラーかカラヤンか』の著者でベルリン・フィルハーモニーの元ティンパニ奏者ヴェルナー・テーリヒェン氏が、あるとき訳者に語ってくれたことがある。フルトヴェングラーにとって指揮棒は命令の道具ではなく、音楽を感じ取るアンテナの役目を果たしていた。彼の指揮の本質は、人に命令して従わせる「男性的性質」よりも、オーケストラから音楽を引き出し受け取り育む「女性的性質」にあった。テーリヒェンのこの視点は、指揮とは何か、演奏とは何かという、私たちの本質的な問い掛けに対して、これまでの権威主義的なイメージとは違う実に意味深いヒント、逆転の発想を与えてくれるのである。本書でも何人かの指揮者がこれに似た意味の発言をしている。

みずから音を出さない指揮者は、もはやオーケストラに君臨する権力者や、聴衆を幻惑する見世物師であってはいけないのではないか。商業主義に深く汚染された、心ない興業主がそれを切望したとしても、指揮者は虚しい権力闘争に荷担するのを断固として拒否しなければならない。彼は作品への奉仕者であり、高い音楽の理想をオーケストラと聴衆の間に実現するための触媒となるべきなのだ。

そうであるならば指揮棒もまた、大勢の人を強制的に一つにまとめ、統制された演奏をさせるための「権力者の杖」から、あくまで音楽そのものによる感動のために人と人の交流をうながす「愛のアンテナ」へと変貌していくだろう。

手に握られた異物でもある指揮棒は、指揮者とオーケストラの間を隔てる障害物であり、時には指揮者を防衛する武器であるかもしれない。しかし、指揮者が真摯にみずからの内向をさらけ出し、楽員や聴衆と交流しようとするならば、指揮棒はすばらしい音楽を奏でる「魔法の杖」になるのではあるまいか。

指揮者や指揮棒の理念は、今後も少しずつ変化していくだろう。しかし、指揮者が指揮をする限り、彼が棒を使おうと使うまいと、オーケストラを常に正しい方向に導いてもらいたい。聴衆にも指揮者というものの実像について正しい知識を持ってほしい。そのために本書が少しでも貢献できるのなら嬉しい。

音楽之友社出版部の大高達夫さんから話をいただいて以来、編集担当となった斎藤博済さんの懇切丁寧なサポートのもと、本書の翻訳は進められた。訳者の個人的事情で刊行が遅れたことをお詫びしたい。

本書のインタヴューは一九九九年二月から二〇〇〇年一月までに収録されたため、現在ではポストが変わっていたり、あるいは物故してしまった指揮者がいるかもしれないが、このようなものは日々刻々と変わるものであるし、原則として原文の記述は変えなかった。

また編著者のまえがきでは、ネイティヴやそうでない人もいる指揮者の、それぞれに違うドイツ語のニュアンスを保存しようと努めたとある。その苦労は意義深いが、それをすべて日本語訳に反映させるのは訳者の力の及ばぬことであり、仮に日本語にしたとしても、かえって不自然なものになると思ってしなかった。本書の意義を失わせるものではないと思うので、ご容赦いただければ幸いである。

3
対談

この章もほぼ演奏論だが、対談形式のものを収めた。

甲斐正雄氏は、知る人ぞ知る名指揮者である。戦後初めてのベルリンへの留学生として、フルトヴェングラーをたくさん聴いたという甲斐氏から、その思い出をうかがいたいという意図もあったのだが、話しているうちに、それはどうでもよくなってしまった。指揮者というよりも音楽の根本を求めている人ではないか、という気がしてきたからだ。フルトヴェングラーの目指していたことは、一言で言えば「自然に」ということではないかと思うのだが、まさにそのことについての話をうかがえたのである。甲斐氏と直に話したのはこの時だけなのだが、今でも忘れられない刺激的な時間として思い出される。こういう当たり前の音楽についての考え方がもっと人々に理解されねばならないと思う。

宇野功芳氏についてはあらためて紹介の必要はないであろう。ワルター、フルトヴェングラー、クナッパーツブッシュらの芸術に、明らかに現在では求められないような世界を発掘した宇野氏の文章は実に魅力的で、私は学生時代から愛読していた。フルトヴェングラーの研究会を作って活動する私のことを、宇野氏は早くから注目して下さり、何度も本への寄稿の機会をいただいたり、対談の相手をしていただいている。

音楽で一番大切なことは

野口剛夫×甲斐正雄（指揮者　元武蔵野音楽大学教授）

野口　私が是非先生にお話をうかがいたいと思ったきっかけは、先日、先生の指揮なさったアマチュア・オーケストラの演奏に接して感動を受けたことなんです。私もオーケストラの指揮をしますので、指揮者としての先生に魅力をおぼえたことはもちろんなんですが、それ以前のこと、つまり、ああこの方はなんといっても心ある音楽家なんだなあ、という嬉しい気持ちになったのです。むしろ、こっちのほうが、より興味ある大事なテーマにも思えるわけです。

さて、先日の演奏会のブラームスの交響曲第一番は、演奏する者にとっては巨峰のようにそびえたつ難曲でもあります。確かに意地悪な耳で聞けば技術的な難点もあったかもしれません。しかし、そんなことなどどうでもよくなってしまうような、音楽の感動がありました。どうしてこういうことが起こりうるのか。そんなことから今日のお話を始めたいのです。

甲斐　そういうふうに見ていただけると、とても嬉しいのですけれども。

本当の技術とは

野口　下手なら上手になりたいと思うのは人情ですけれども、最近は音楽を楽しんでいるはずのアマチュアの人が、音楽を楽しんでいないと思うのです。上手な演奏に引け目を感じて萎縮してしまっている。プロはプロで、うまさをひけらかすような演奏もよく耳にする。うまい下手に関係なく、音楽する人にとって大事なものがあるはずなんだけれど、それが見えにくくなってしまうんです。

甲斐　ただうまければ良いという人が多いんですね。技術というのは、私に言わせると、心の通りに動くということなんです。うまくできるということが技術なのではない。技術がないから技術を付けろとか、そんな意味の「技術」、私は大嫌いなんですよ。

アマチュア・オーケストラのメンバーに言うんですが、君たちがN響のオーディションを受けにいっても絶対に受からないよ、と（笑）。でも、お客さんを感動させる演奏はできるんだ、それを目指さなければいけないんだ、と。

野口　最近はアマチュアでも、なにか斜に構えた、こまっちゃくれた人もいるんです。もちろん、下手なことに開き直るのは良くありませんが、うまいことを下手に物真似する、これほど空虚なことはないと思います。

音楽は自分の心をあらわすこと

甲斐　よく指揮の生徒に言うのですけれども、演奏会が終わると、メンバーが「やったー！」と喜んでいる。指揮者にお礼になんか来ない。だから良いんですよ。自発的に演奏して喜んでくれたのなら。

指揮って何だと思いますか。皆がばらばらにやったら大変だから、それをまとめると。じゃあ、まとめるってどういうことなんだ。ミキサーの中に材料を突っ込んで回せば混ざるじゃないか、一つになるじゃないか、と。それでおいしい青汁はできるかもしれないけど（笑）、それは指揮ではないですよ。ばかなことです。ただまとめるだけなら、指揮者は誰でもいい。そうじゃなくて、カラヤンならカラヤンがどんな音楽をもっていて、それがどんなふうに出てきて感動したか、それを聴きに演奏会に行くわけでしょう。でも、自分は音を出さない指揮者がどうやってオーケストラに自分の音楽をわかってもらうのか。

そこで音楽とは何かということが問題になるわけだけれども、音楽は自分の心を表わすことであって、他の事柄と全く同じなんですよ。人間がどうあるべきかということから来ている。人間が人間として存在しうるのは、他人との問題なんですね。自分の心をわかってもらい、相手の心をわかることによって、人間関係ができて人間が存在するんだ、と。

お客が来てお茶やお菓子を出すのは何のためか。客が来たらお茶を出すことになっているからではないのです。歓迎の心を表わすためだ。心そのものをわかってもらうのは難しいために、具体的な行動として表現する。そこがわかっていない。お茶を出せば客をもてなしたと考えるようになる。

野口　形式主義に随していくわけですね。

甲斐　人間の行動は皆、本来は心の表現なんです。その表現を何でやるか、ということにすぎないんです。絵かきは絵を書くことで、感じているだけでは伝えられない自分の心を表現するんですね。だから、オーケストラのメンバーに言うのは、音を出したときが本番なんだよ、練習の音というのはないんですよ、全部が本番なんだ、と。

野口　こうしたことは、考えてみれば当り前のことなんですが。

甲斐　日本の教育が悪いのですね。なんでもない、やさしいことを難しくしてしまう。私は音楽用語をほとんど使わないんですよ。説明してもわからないから。

野口　えっ。

感受性の訓練を

甲斐　たとえば、リタルダンドってなんですか。実は誰でもリタルダンドをやっているわけです。しかし、本質的なことをわからずに現象だけをわかっている。どうしてリタルダンドは遅くするのかを感じなければいけない。普通の人なら良いけれども、指揮者や音楽家は現象のおおもと、それをわかっていないと。

野口　そこにリタルダンドと書いてあるからやるのではなく。

甲斐　たとえば、人が門を入るときに、どうしますか。リタルダンドはたんに遅くすることではないんです。それに、どこから遅くすればいいのか、なんて聞かれる。そんなばかなことはないんです。楽譜というものがわかっていない。

野口　経済効率が優先されているんですよ。短い時間でそろえて、見かけだけは上手に聞かせたいという。約束ごとでクリアーしようとする。

甲斐　大事なのは感受性の訓練をすることなんです。約束ごとでは、やったー、という演奏にはならないんです。自発ではなく「やらせ」になる。終演後、メンバーに「やったー」と喜んで欲しい、指揮者にお礼なんか言ってくれなくてもいいんだ、というのはそういう意味なんです。

野口　そういうことを考えていても、私など日頃より経済効率を追求する環境にいますと、そちらにスポイルされそうになるんです。

甲斐　だからこそ感受性が必要なんですね。約束ではなく感じてくれれば、自発的に演奏してくれるようになる。指揮者にとって大事なのはそれをさせる誠意なんですよ。

野口　なかなか、そうしたことにお目にかからない世の中ですね。

甲斐　今、オーケストラでそういうことが一番できるのはベルリン・フィルですよ。一流のオーケストラでもそれができるのは少ないですね。

野口　うまくても感動できない演奏にどうしてなるのか、今の先生のお話でわかったような気がします。感心と感動とは区別されねばならないものですね。

甲斐　うまい下手ではなく、真心があるかどうか。どれだけ心を動かされたか、ということが人間のやることの全部であるべきなんです。でも、そういうことが失われてしまうわけですよ。こうすればこうなる、と理屈で考えてしまう。武蔵野音大で初級のオーケストラの授業を待ったとき、学長は私に、楽譜を覚えてしまうくらい生徒にどんどん練習させよ、と言われた。でも、私はそれはしなかった。ハイドンの交響曲でもいきなり合奏をやった。パート練習はさせなかった。合奏の練習は、さらうことではなく、音楽をすること。アンサンブルをすることなんです。でも、訓練してきれいにすることが良い音楽と思う人が多いのです。

野口　良い音楽と言った場合に、人によって価値観が別れるのは当然とはいえ、あまりに皮相な、感覚的な面がクローズアップされているのかもしれないですね。

甲斐　人間としての価値観を持ってもらいたいんです。よりよくなるということは必要ですよ。でも、子供が好きで弾いているということが根本にあって、よりよくなっていくのでなければ。そういう教育をしなければいけないんですよ。

野口　私自身はそうした教育を受けた経験は少ないですね。残念なことに。

甲斐　それと私は「指揮法」という言葉が嫌いです。「棒振り」というのは最大の侮辱だと思う。どう棒を動かしたら、どういう格好をしたら効率がよいか、という問題ではないんです。

音楽好きの家族、友人、そして戦争

野口　さて、ここらで話題を変えて、先生のこれまでの来し方についてお話をうかがいたく思います。無知な質問になるかもしれないんですが。「甲斐さん」という名の音楽家はたくさんいらっしゃるでしょう。先生と関わりのある方は。

甲斐　映画『蒲田行進曲』などの作曲をしている甲斐正人は私の息子、ジャズピアニストの甲斐恵美子は娘です。

野口　芸大の先生なさってる甲斐直彦さんは。

甲斐　私の弟です。

野口　先生のお育ちになった環境についてかいつまんでお話くださいますか。

甲斐　父の家系は皆軍人だったたんですが、父はヴァイオリンが好きでやっていたんですよ。音楽学者の田辺秀雄のお父さんの田辺尚雄さんなんかとカルテットをやって。帝大の理科を出て、アメリカ留学した後、早稲田の先生になって、さらに旅順の工科大学で教えました。日本に帰ってからは、特許事務所を開いたんですが、音楽がとても好きで今度はチェロをやり、トイレに行くのにもラジオを持って音楽を聞いている程でした。

野口　そりゃ参った（笑）。

甲斐　私は当時それほどは音楽が好きでなく、ピアノを習わされて途中でやめたりしていましたが、青山学院の中等部のときに、友達集めてオーケストラを作ったんですよ。伊藤栄一君が私のオケで小バスを吹いていました。

野口　オーケストラの編成は。

甲斐　弦楽器、クラリネット、トランペットはあってもホルンはないんで、小バス。これを伊藤栄一が吹いて。

野口　当時としてはハイソな環境ですね。そこで先生は指揮をなさって。

甲斐　そうです。青山学院には比較的そういうことがありましたね。面白半分でピアノ協奏曲をやろうとして、パート譜を作ったり。

野口　何もないところからやるのもかえって面白いのでは。

甲斐　本当に音楽、特に作曲をやろうと思ったのは、中等部の四年ですね。

野口　今でいうと高校二年生くらいですね。それにはなにかきっかけが。

甲斐　忘れました。橋本国彦さんにつこうと思ったんですが、それはできなかったんです。

野口　当時の日本の現代音楽には親しまれていたんですか。

甲斐　それほどでもないです。橋本さんにつきたいと思ったのは、橋本さんの歌が良かったから。最初は上野の音楽学校の作曲科に入るつもりでしたが、武蔵野のピアノ科に入りました。でも大木正夫さんについて作曲は続けていたんです。

野口　武蔵野音大に入られた年は。

甲斐　昭和十五（一九四〇）年。戦争のため卒業は半年早まって、昭和十八（一九四三）年。兵隊には行きませんでしたが、勤労に取られる可能性があった。そこで私の叔父の斡旋で小学校の音楽の先生になった。そのうちに終戦です。戦後は合唱団の指揮をよくし、それがきっかけで山田一雄さんについて指揮を学んだんです。そのころ指揮の生徒には、石丸寛、遠山信二らがいました。

野口　その間、オーケストラの指揮をする機会はあったのですか。

甲斐　一度リサイタルをやることになったのですが、実現しなかったんです。

野口　そして、昭和二八（一九五三）年に留学なされたわけですね。

ベルリン留学

甲斐　指揮の留学生としては戦後最初でした。同期にはピアノの三宅洋一郎さん、奥さんの三宅春恵さん（急性　豊田）がいます。中山悌一さんとその奥さん、それに石井歓さんはミュンヘンに行きました。

野口　官費留学生として。

甲斐　いいえ。私費の留学生として文部省から許可されて渡航したわけです。

ベルリンに着いて一月くらいして、街頭でポスターを見て歌劇場に行きました。演目は《さまよえるオランダ人》だった。日本ではそれまでまともなオペラをみたこともなかったので、びっくりしちゃいました。まさに、晴天の霹靂でした。そこでコンサート指揮でなくオペラの勉強をしようと方針を変えたんです。

野口　そのときの指揮者は。

甲斐　覚えていません。しかし、そのころのベルリンは、音楽の黄金時代だった。歌手もヨーゼフ・グラインドル、ディートリヒ・フィッシャー＝ディースカウ、リータ・シュトライヒ、エルナ・ベルガー……本当に超一流ですよ。それから、歌劇場には一週間に三回行くことにしたんですよ。ベルリンには当時三つの歌劇場があった。東のシュターツ・オーパー（国立歌劇場）、コミッシェ・オーパー、西のシュテティッシェ・オーパー（市立歌劇場）。特にモーツァルト、ヴァーグナー、リヒャルト・シュトラウスの作品をやる日は全部行くことにしました。

野口　そのころ、東の地区には簡単に行けたんですか。

甲斐　行けました。山手線のような環状電車が走っているし、車でも簡単な検問をパスして行けた。その頃は、分かれた地区がどうしたら一緒になれるかということを計画していた時代なんです。通貨は、西は東の四倍の高さで、西の歌劇場の一番高い席が十三マルク。東で一番高い席が十五マルクでしたが、西の価値に直すと四マルクより安くなる。私は東の劇場へ行くときには一階の一番前に座りました。

巨匠たちの演奏にふれて

野口　指揮者を見やすいようにですね。

甲斐　ローターという指揮者は、指揮台の上に指揮棒がたくさん置いてあるんですよ。曲の途中であれこれ持ち替えたり（笑）。

野口　フルトヴェングラーは当時は演奏会だけを指揮していたのですか。

甲斐　ええ。大変なショックを受けました。

野口　ホールはティタニア・パラストですか。

甲斐　そうです。私はベルリン・フィルの定期会員になった。月に一度は聞いていました。週に三回のオペラ、月に三回のオーケストラ。それだけじゃないです。大ピアニストの演奏会シリーズも聴けるようにした。

野口　フルトヴェングラーについて、詳しくお話しいただけますか。

甲斐　今では形で見ちゃう人がいる。棒が何回ふるえたかとか、真面目になって論じる人がいるのね。そうじゃなく彼の演奏には必然性があったということですね。音楽の流れが自然ということだった。アンサンブルは、私の言葉で言いますと、分をわきまえるということなんです。

野口　約束事だと、手取り早くて良いけれども。

甲斐　そこを強く、弱くではなく、それを本当にやりたくなるように仕向けることなんです。

野口　フルトヴェングラーの演奏を聞いていますと、命令するのではなく人から引き出してくる指揮者という感じを受けます。実は私は先生にも同質のものを感じたのです。

甲斐　これは自慢と取っていただいては困るのですが、留学中ベルリン交響楽団で、ブラームスの交響曲第一番などを指揮したのですが、練習が終わったとき、メンバーの一人が、私がフルトヴェングラーみたいだったと評してくれたことがあります。

野口　クナッパーツブッシュは。いろいろなエピソードが残っている面白い人だったとか。

甲斐　舞台に出て指揮台に立ったとたん、いきなり振り始めてしまった。それだけの偉い力を持っていたんでしょうね。

野口　ヴァルターは。

甲斐　聴きませんでした。オイゲン・ヨッフムやセルジュ・チェリビダッケは聴きましたが。

野口　向こうの指揮科のレッスンはどういうものでした。

甲斐　ドイツでは、最初からコンサート指揮者というのではないんです。オペラの練習指揮から始めていくしかない。

野口　五三年に入学されて、五六年に卒業なさるわけですね。

ベルリン音楽大学でつかれた教授はどなたですか。

甲斐　エーリッヒ・ペーター教授。この人は、実は戦前に日本に教えに来るはずだった。フェルマーは昭和十五年、日本の紀元二千六百年記念祝典曲（リヒャルト・シュトラウス作曲）の指揮をした人です。

野口　日本からの学生ということで親近感をいだいてくれたのでしょうね。

甲斐　昭和二八年の六月から七月にかけて若い音楽家をバイロイトに招待して、練習を見せてくれるということがあったんです。各国一人ずつ許可されたんですが、日本の場合だけ、武蔵野音大の学長のはからいで三人可能になった。ピアノの田村宏さんと古荘隆保さんと私の三人。その年はヨッフムが指揮する予定だったが、息子が亡くなったので降番し代わりにカイルベルトが来た。面白かったのは《ラインの黄金》は全然練習をしなかったことです。

野口　演出はヴィーラント・ヴァーグナーですか。

甲斐　そうでした。でも戦後ベルリンで観たヴァーグナーの舞台には、やはり戦前のバイロイトの伝統が残っているんですよ。たとえば《神々の黄昏》の最後、ヴァルハラの城が燃えた後に、一筋の雲が残る。それがものすごく印象的でしたね。劇場は戦争で破壊されて、代理の会場でやっているのだけれども。

野口　つまり日本の多目的ホールみたいな。

甲斐　そうですね。狭いスペースでも場面転換を以前と同じように工夫してやり遂げているわけですよ。

その頃の物価は、一マルクで卵一つ買えるというくらいだったんですよ。そんな状況ですから入場料だけでは劇場が運営できない。国家の助成が主で入場料が補助というのが向こうの考えですね。そうじゃなければ、あれほど安い料金で見られるはずがない。

野口　今のドイツでは、そうした国家助成も削減されつつあるようですね。バイロイト音楽祭への助成がカットになりそうだとのことで、署名を頼まれたことがあります。

甲斐　ともかく、留学をするなら最低三年はいるべきですね。どうしても新しい音楽には、鎖のように身を固めてガードしてしまうものなんです。時間をかけて何度も接しなければならない。

野口　音だけ聴くなら日本でもできるかもしれないけれど、その音が生まれ出た土壌に漬かってくるというのは貴重なことですね。

甲斐　劇場もそれ自体が美しい独自の響きを持っていますし。

野口　ではここらでドイツから日本に帰ってきてもよろしいですか（笑）。

使える音楽家を

昭和三二（一九五六）年に帰国されて、すぐ武蔵野音大の先生になられたわけですね。また、宮内庁楽部オーケストラの常任指揮者もされていますが、そうなられたきっかけは。

甲斐　武蔵野音大を通して話があったんです。昭和四五年のことでした。前は沖不可止（おきふかし）さんというチェロの方がなさっていたんですが、お辞めになったのでその後任ということです。

野口　大学と両方というのは大変ですね。

甲斐　宮内庁へは週に二回くらい行きました。でも、国家行事なんかがあるとお構いなしに休講（笑）。

野口　宮内庁のオーケストラは、本来雅楽の演奏をするメンバーが西洋楽器に持ち替えて演奏するものと聞いたことがあります。愚問かもしれませんが、雅楽の方の指揮は必要ないわけですよね。

甲斐　指揮者的な役割がないわけではないと思いますが、形の上ではないです。西洋式オーケストラの方の指揮者は伝統的に外部から招かれていたのです。外国人がやっていたこともある。それから安部幸明さんになって、先にも言った沖さん、私と続くわけです。

野口　大学での授業はどんなものを担当されたのですか。

甲斐　学生オーケストラの指揮やソルフェージュが主なものですが。

野口　武蔵野には指揮科というセクションはありませんよね。

甲斐　ええ。でも、指揮者をたくさん作ってもあぶれるだけでしょう。ところで、特別指揮法という課外授業のことについては特に述べておきたいです。これを私は「ミニ指揮科」と呼んでました。

野口　「ミニ指揮科」ですか。

甲斐　私の目的は、使える音楽家を作りたいと。専攻に関係なく毎年八人くらいをとって。優秀かどうかは関係ないです。だいたい、良い学生は来やしませんから（笑）。

野口　優等生は楽器ばかりさらっていて、余計なことをするなと担当の先生から抑えこまれてしまうのかな。良くも悪くもモラトリアム的な人が受講するわけですね。卒業単位に関係ない課外の授業となると、本当にやりたいという人しか来ないでしょう。

甲斐　一回三時間の授業が週に二度ある。受けるほうも大変ですよ。二年生から始めるのですが、まず最初の一年間は基礎的なことを。何が基礎かというとピアノを弾けることなんです。誰かが指揮をしたときに、そのとおりにピアノが弾けなかったら駄目なんですよ。生徒はめいめい違う曲をやりますから、そうなると初見でどんな曲も弾けないといけない。連弾譜を用いて四人で二台のピアノを弾くんです。これが簡単には弾けないんですよ。交響曲をピアノで弾くというのは、しかも初見で。みんな最初はなかなか自分から出て行って弾こうとしない。そこで言うんですよ。「自分が一番下手だと思ったら、出てきて弾け」とね。

野口　ほう。

甲斐　それじゃあっていうんで、わあーっと先に出て弾きますよ。そうして、ハイドン、モーツァルト、ベートーヴェン、シューベルト、メンデルスゾーン、シューマン、ブラームス、チャイコフスキー……相当多くの交響曲を体験させていくんです。

野口　それは良い方法ですね。

甲斐　でも、弾いても、本当はやさしいことが全然できないんですよ。一十一はできないで高等数学はできる、こんな馬鹿なことがありますか。難しい曲は弾けてやさしい曲は弾けないなんて。うまく弾くだけでは駄目なんですよ。本当には一つの音も出せない。そんな教育が日本の現場では行われているんですよ。

野口　ということは、指揮を専門にするしないに関わりなく、先生の講座を取ると、自分の専攻にもはねかえってきて良いですね。

甲斐　そう、視野が広くなるんですね。指揮をする分、専攻のピアノを弾く時間が少なくなるはずなのに、それでも、私の生徒がピアノ科の最優秀生になったことが幾度もありました。

野口　一見、廻り道のように見えるかもしれないけれども、音楽とは何かという、その部分は音楽やる上で根幹の問題ですからね。結局は大いにプラスになるわけですね。

甲斐　でも、そうした実績を学校側はなかなか認めてはくれないのですが。

音を出したときが本番

野口　では、長くなりましたので、ここらで一番最初のお話と結び付けて終えたいんですが。先ほどの音楽大学での授業のようなことをアマチュアの人には要求できないと思うのです。それについてはどんなお考えをお持ちですか。

甲斐　基本的には同じことなんですよ。技術的、環境的には違っても、根本で私の求めることは同じです。練習ではなく、こういう音楽なんだということを、メンバーの経験上わかってもらうということが大切なんですよ。それがわかったときに弾けてしまう、できるんですよ。

前にも言いましたが、音を小さく大きくという約束ごとで音楽をやってはいけないんです。音を出したときが本番なんですよ。自分の考えていることを本当にわかれば、感じれば、体は順応するんです。それに、これはばかばかしい例かもしれないけど、火事場のばあさん（笑）。

野口　切羽詰まれば馬鹿力が出る。

甲斐　指揮者の音楽に共感して感動して演奏するのが、演奏の醍醐味ですよ。この前もやった、シベリウスの二番、あれも最後までは弾けない。でも、本番ではちゃんと弾けてる（笑）。

野口　最近、アマチュアの人が自分の活動のことを言うときに、「私はしょせんアマチュアですから」と変な枕詞が付いていることが多いです。こういうのはなんともやるせない、屈折した感情ですね。どうしても自分を他と比較してしまう。それ自体のものとして楽しむことができない。プロとアマチュアという図式に囚われすぎているんですね。

甲斐　それは逆もありますね。プロも、自分はプロであると。

野口　自分はプロだからと枕詞を付ける人に、ろくな音楽家はいないというのが、日頃の私の実感です。結局、音楽をやっていることに、相対的でなく絶対的な誇りを持っている人こそ、良い音楽家なんじゃないかなって最近思うんです。今は、より音楽の内面性が問われているんでしょう、それも、誠意のあるものが。名刺を出されたからすばらしいのではなく、お茶を出されたからすばらしいのではなく。

甲斐　アマチュア・オーケストラの演奏は売り物になる演奏では絶対にないんですよ（笑）。でも、クラシックなど日頃聴いたこともないという客も、喜んで本気で拍手してくれる。

野口　その重み、というか意味を考え直していけば、プロ・アマの別なく音楽とは何だ、音楽にとって一番大事なものは何だという根幹の問題に行き当たるわけですね。今日は本当に有難うございました。

（一九九九年四月五日、東京都練馬区の甲斐氏宅にて収録）

（『音楽の世界』一九九九年六月号）

我々の内面がしかるべく熟してはじめて、感動がある

野口剛夫×宇野功芳（批評家・指揮者）

野口剛夫さんは硬派の論客である。一匹狼的な存在で、ずけずけともの申す。人のことは言えないぼくだが、こう本音ばかりを語っていては生きにくいだろうと心配になってくる。佐村河内問題で一躍脚光を浴びた彼だが、代作者の新垣氏に対する鋭い舌鋒には、さすがのぼくも危険を感じた。もっと寛容な心も必要なのではないかと思った。野口さんは論客であるだけでなく、実行の人でもある。フルトヴェングラーに傾倒し、東京フルトヴェングラー研究会を立ち上げ、同研究会管弦楽団の指揮者となり、自らは作曲家であると強く思っていた巨匠の作品を、次々と日本に紹介してきた。また野口さん自身、作曲も能くする。その行動力には本当に頭が下がる。本書で対談相手に選んだのは、もちろん演奏の本質について、歯に衣着せぬ舌鋒を期待したからである。その期待にどこまで応えてくれたか、楽しみにお読み下さい。（宇野功芳）

聴き手の才能と演奏家の才能は同じもの

宇野　最初に話をしたいのは、自分で指揮をするときと評論をするときで、音楽に対して違うことはあるか、ということです。

野口　評論というのは、他人の演奏についてするわけですよね。その場合は冷静・客観的な面がどうしても前面に出てきてしまいます。

宇野　客観的にやろうと思っている？

野口　そう思わなくても、どうしても客観的な面が出てきてしまいます。同時に、ある演奏家の演奏について考えるときには、同じ曲について他の演奏家のことも考えたり、比較・検討、あるいは過去の記憶も参照しますので、自分が演奏するときとは頭の使う方向性が違うと思います。それは右脳と左脳のバランスの違いということになるのかもしれません。例えば先日宇野先生が指揮した《フィデリオ》序曲のCDを聴きましたが、ぼくもあの曲は指揮したばかりで、やはり他人の演奏を聴くときの耳と自分が演奏しているときにオーケストラの楽器の音を聴く耳とは全然違うと感じました。人の演奏は自分のとは違うし、録音で聴くという環境も普段とは違うわけで、やはり根本的に違う面があるのかもしれませんね。

宇野　録音を含めると難しくなります。それは一口では言えない。まずは、自分が指揮台に立っているときの話をしましょう。

野口　音楽に没入したいと思っているのですが、本番はいろいろな事故が起こるものです。例えば思いも寄らぬところで楽員の一部が慌てだしたとしたら、指揮者はそれに対処しなければなりません。それは、曲に惚れ込んで、全身全霊でその曲を演奏しようと思っている指揮者の気持ちにストップをかけてしまう要因のひとつですよね。僕の場合は、実際はそういうことと闘いながら指揮をしているという面が確かにありますので、評論として誰かの演奏を聴きながら考えていることとはやはり違ってきます。事故が起こったときの対処も、自分だったら慌てふためくだろうし、どんな手を使って対処しようかと思いますが、他人の事故は変な言い方になりますが微笑ましく聴くこともできますし、「これも味になるのでは」と考えたりとか、妙な余裕があったりするのです。でも、そんなことも、自分が演奏しているからこそ思うのかもしれません。もし自分が一切演奏しないとしたら、演奏するにあたってのリスクだとか、喜びと同時に感じる恐怖だとか、そういうものを実体験として知らないわけですから、もしかすると音楽の聴き方が客観的すぎてしまうのではないのでしょうか。

宇野　そうでない人もいるでしょう。

野口　でも多くの人は表面的になってしまう。演奏を表層的に聴くことで曲解する人が多いとなると、いろいろなところに影響が出てきます。業界がそれに合わせたイヴェントをたくらんだり、評論家もあまり抵抗できずに迎合してしまうということになると、全体がメルト・ダウンして行く可能性もあるわけです。ですから評論ひとつ取っても、「聴いた感想を書く」だけではなく、本当は演奏家の苦しさ、醍醐味のようなものを体験して書くのが理想ではないかと思うわけです。

宇野　聴き手の才能と演奏家の才能というのは、同じものです。ブルーノ・ワルターも「演奏を批評するには演奏家としての才能が必要だ」と言っています。作曲家の才能は、また別のものです。批評するということは批評家に限らず、聴衆にも当てはまることで、自分が演奏できる才能がある人は、良い演奏がわかるわけです。

野口　実際に演奏しているかどうかはともかく。

宇野　そうです。生まれつき演奏家の才能を持っている人と、持っていない人がいるんです。自分は楽譜も読めない、ピアノも弾けないと卑下する人もいますが、そういう才能というのは音楽のスキルとは関係ない。

野口　どんな形で現れるかはともかく、その人の中身が演奏家かどうか、ということなんですね。

宇野　人数の比率では、演奏家の人数は限られているけれど聴衆はその何万倍、いや何十万倍もいる。だから聴衆の方に才能を持つ人が多いということになるんです。その中にはフルトヴェングラー以上の才能の持ち主がいるかもしれない。

フルトヴェングラーよりも良い演奏でなければ、やる価値がない

野口　いつか先生からいただいた手紙の中に、「自分が一番偉いと思っている人は、ぼくは嫌いです」と書

いてあったことを覚えています。でもぼくはこう思うときがあるんです。聴く側としては「フルトヴェングラーとベルリン・フィルが最高だ」「カラヤン&ウィーン・フィルこそ至高だ」という話になってしまいがちですが、演奏する側からしたら、どんな片田舎で活動している音楽家だとしても、もしその人が本気で音楽をしようとしたら、演奏している間は否応なく「自分こそが一番だ」という気持ちになるのではないでしょうか。ならないといけないと思う。

宇野 自分が一番だと思わないと、人前で演奏はできないね。

野口 冷静でいる時は確かに他のものが気になったり、自分のしていることが何とも未熟で嫌になることもある。でも、本番の最中は、マテリアル的に良くない部分はあるにしても。「自分は至高のものを演っているんだ」という気持ちがないと本当に素晴らしい演奏にはならないのではないでしょうか。フルトヴェングラーが「芸術で一番大事なのは比較ではなく愛であり没入だ」と言っていますが、これはそういう境地になるということなのでしょう。

宇野 自分なりに凄いと思う音楽をしなければいけませんから、自信は必要ですよ。ぼくが一番考えるのは、聴いている人が「この曲は美しい曲だな」とか「感動的な曲だな」とか感じる、つまり曲が得するような演奏をするということです。

一方で自分のことを考えると、ぼくはベートーヴェンの第五交響曲はずっと指揮しなかったんです。一九四七年のあのフルトヴェングラーの演奏を聴いてしまうと、やる気が失せてしまうんです。「どうして《第五》を指揮しないのか」と尋ねられれば「フルトヴェングラーが演ってしまっていますからね」と答えるし、「どうして《田園》を指揮しないのか」と尋ねられれば「ワルターが演ってしまっているから」と答えます。でも、ぼくは世の指揮者がそういうことを考えなさすぎると思う。だって、フルトヴェングラーよりも良い演奏でなければ、やる価値がないわけです。

野口　そのくらいの自負心がないといけない。

宇野　ところがだんだん歳を取るにつれて、「これでは一生振れないな」と（笑）。そこで思ったんです。フルトヴェングラーを聴いていても、良くないところがあるわけですよ。「ぼくならこうしない」というところが。第九番の最後もそのひとつです。速すぎて崩壊してしまっている。第一楽章の再現部の冒頭も、彼は意識的に山にしていない。「それならフルトヴェングラーよりも良いところがひとつでもあれば、やろう」と思うことにしました。そうじゃないと一生できなくなるから。

野口　フルトヴェングラーより良いところがなかったとしても、やっておこうとは思わなかったんですか。彼を意識している限りは駄目なんですよ。フルトヴェングラーはこうだが、俺は俺だ、ということで良いんじゃないですかね？

宇野　批評家として名が出ているし、それがＣＤになると考えると、できませんでした。評論家をやっていなくても、フルトヴェングラーより良いところがなければ、自分としてはやる価値がないと思うなあ。

「フルトヴェングラーの演奏があるからやりづらい」とは思わないのか？

野口　宇野先生の指揮スタイルはフルトヴェングラーというよりも、クナッパーツブッシュを彷彿とさせるものがありますね。

宇野　少なくとも、ワルターに似ていないことは確かかな（笑）。自分が誰風にやろうということは考えていませんが、フルトヴェングラーに似てしまうのが嫌だからベートーヴェンの第五番を指揮しなかったこともあるし、どうしてもと頼まれたときはフルトヴェングラーとは正反対のことをやろうと思ったこともありますよ。でも、自分に嘘をつくのはいけない。やりたいようにやろうと、あるときから思うようになりました。それに現代では、フルトヴェングラーは実際に生では聴けないわけですから。歳を取るにつれてフルトヴェングラーの真似でもいいんじゃないかと思うようになった。真似ができること自体、すごいことだし。

野口　そうですよ、そうじゃなきゃ。へそ曲がりというのは、個性的というのとは全く別の話ですよね。自分に嘘をついてはいけない。もしもの話ですが、最初からプロの指揮者になったとしたら、「フルトヴェングラーの四七年の演奏があるから、自分は五番はやらない」と言えましたか。

宇野　それでは食っていけないからね（笑）。

野口　つまり、宇野先生はフルトヴェングラーの演奏に興味があり、ワルターにも詳しくて、そういう過去の演奏を慈しんでいるから、必然的に指揮者ではなく評論家になったのでは？　今、最初から指揮者になろうという人は、「フルトヴェングラーの演奏があるからやりづらい」とは思わないのではないでしょうか。

宇野　そもそも知らないかもしれないし、聴いてもピンと来ないのかもしれません。でもそれはマズイですよ。「フルトヴェングラーの《第五》にはかなわないから、自分は一生《第五》は振らない」と言うくらいの気概が欲しいいし、実際にそう言う指揮者がいてもいいじゃない。でも、ぼくは始めから、自分は批評家ではなく合唱指揮者だと思っていたし、今でもそう思っていますから。

野口　過去の名演に縛られないからこそ、感性のある人が自分なりの良い演奏をできるという面もあるような気もします。

宇野　上岡敏之がそうだと思います。彼はシューリヒトに似ていると評論したことがありますが、あるところで「自分はシューリヒトみたいだと評論されているけれど、実はシューリヒトを聴いたことがない」と言っていたそうです。

「フルトヴェングラーを超えてやる」という気概が欲しい

野口　一方でハンス・フォン・ビューローのように「終楽章に意義を感じないから《第九》は振らない」という人もいましたね。

宇野　クナッパーツブッシュもそうです。《第九》を振らないのはムラヴィンスキーも、カルロス・クライバーもそうです。

野口　そのくらい貫くものがあっても良い。

宇野　今の人たちは何でもやるね。

野口　ビジネスとして必要ですからね。

宇野　ぼくなら引き受けないと思う。

野口　あれっ？　ちょっと前に「それでは食っていけない」とおっしゃられていたような（笑）。

今ベートーヴェンを振る指揮者はたくさんいますが、フルトヴェングラーを内面的に超えた指揮者にはお目にかからない。でも、「フルトヴェングラーに伍してみたい」と思ったらやってみるべきではないかと。結果はどうあれ。

宇野　「フルトヴェングラーを超えてやる」という気概が欲しいですね。

野口　不遜と思われるかもしれませんけれど。

宇野　不遜じゃないよ。フルトヴェングラーだって人間なんだから。それを超える演奏が出てきてもおかしくないです。彼の振ったベートーヴェンの交響曲第二番なんてひどいと思います。八番もひどい。この二曲なら、ぼくはフルトヴェングラーに勝てると思います。

野口　先生のベートーヴェン八番はゴジラが吠えながらのしのし歩きまわっているような感じの演奏ですね。聴いたときはのけぞりましたよ。フルトヴェングラーに勝つというよりは、全く別の演奏かな。

宇野　自分ではそういうつもりはなかったけれど。あれはアンサンブルＳＡＫＵＲＡというオケの個性がかなり入ってしまった。

岡本太郎とフルトヴェングラー

野口　岡本太郎の言葉に「オレはピカソを超えている」というものがありますが、それは「傍目にどう思われようといい、自分が超えたと思ったときに超えたんだ」というような意味です。ちょうど岡本太郎生誕百周年の二〇一一年に、ぼくの主宰する東京フルトヴェングラー研究会が「フルトヴェングラー・フォーラム」という催しを「岡本太郎とフルトヴェングラー」というテーマで行なったのですが、二人の書いたものを読むと根本的な芸術家としての信念というか感性がとても似ていると思います。もちろんフルトヴェングラーはベートーヴェンに対してそんなことを言いませんでしたが、「いずれ超えられる」「修行して超える」などと言っているようでは多分超えられない。超えると思ったときが超えるときだと。だから、指揮をする人だって、自分はフルトヴェングラーを超えるんだ、ワルターを超えるんだ、と宣言してもよいと思うんです。そういう自己破壊をして新たに創造するんだというくらいの気概がないから、今は数ばかり多くても聴いて「やられた」と、つまり心底から震撼させられるような演奏が少ないのだと思いますね。

宇野　ぼくも若い頃は君のようなことを盛んに言ったものだが、歳を取るにしたがって丸くなってきた。自分で言うのは変かな（笑）。

技術と才能

野口　ところで、昔は技術があってなおかつ才能がある人でないと、世に出ることができなかった。今は誰もが発信できる時代です。

宇野　クラシックの世界でも、技術だけで才能のない人の演奏の機会が増えすぎてしまっている。フルトヴェングラーやワルター、クナッパーツブッシュといった人たちは、凄い才能を持っている人がたまたま子どもの頃から楽器を習い始めた稀な例なんです。そういう人たちこそが超一流の演奏家になれる。

野口　才能がなくても、小さいうちから楽器を習い始めれば、指は動くから演奏家にはなれるかもしれない。でも才能の有無は別の話だし、何よりも音楽が大好きとは限らない。以前音大で教えていたこともありましたが、「こういう人は入学を許すべきではない」と感じる学生もいました。

宇野　音楽くらい難しいものは世の中にないと思う。

野口　例えば科学の世界では、誰が実験しても同じ結果が出なければ認められない。でも音楽の場合は確かめる術はありません。例えば「ある曲のある部分でルバートするのが正しいかどうか」という議論に結論はありません。

宇野　結論は出ないし、それを証明することもできない。でも、わかる人にはわかるんです。

野口　本来なら演奏の違いに聴き手が敏感である以上に、演奏者が敏感でなければならないと思うのですが。

宇野　才能なくして演奏家になった人は、そうなりません。

野口　巷にはそれこそ音だけ出しているベートーヴェンが氾濫していますよね。

宇野　ピアノなどで譜面に書いてある音をただ出すというのは技術ですから、才能がなくても技術者にはなれる。それが芸術だと勘違いしている人が多いということが問題なんです。今はみんなの技術が上がりすぎてしまったから、才能があっても技術の劣る人はコンクールに出ることもできない。昔は演奏が止まるのも当たり前でしたから。エリック・ハイドシェックの指遣いなど見ていると、わざと難しく弾いていることがあります。その方が良い音楽になるからなのですが、そのために途中で止まったりしてね（笑）。

今は楽に弾けるためのテクニックになっている。ヴァイオリンでもそうですよ。昔はなるべく一本の弦で弾こうとしたから、音程も取りにくいしポルタメントも付いてしまう。今はすぐ移弦するので、旋律を粘着力を持ってぐーっと歌うということがやりにくくなっているんです。

野口　フルトヴェングラーのような指揮者にしても、そういう〝気持ち〟が聴こえてくるからこそ、いまだに人気があるんじゃないですか。不器用だしオケも今に較べれば下手だけれど、そちらの方を聴きたいと思わせるのでしょう。

「コクのある演奏」とは

宇野　オーケストラ自体の音楽性というのも重要です。音楽性のないオーケストラやコーラスを指揮すると、同じようにやろうとしても出てくる音楽はかなりダウンしますよ。

野口　上意下達の関係ではなく、運命共同体のような面も必要だと思うんです。いくらオーケストラに技術があっても同じ音楽性を共有していないと。

宇野　プロのオーケストラでもなかなか難しいですよね。今オーケストラはどこも忙しくて、でも個々の技術はあるからそれほど長時間練習しなくても音にはなってしまう。それではコクのない演奏にもなりますよ。フルトヴェングラーの時代のベルリン・フィルはそれほど上手くないですから、ある程度練習しなければならない。あの頃は練習に十日かけたと言われていますから。でもそうやって練習を重ねる間に、フルトヴェングラーの心がどんどんオーケストラに入って来るんです。だから、今のオケをフルトヴェングラーが指揮したとして、リハーサルは二日でいいですよということになると、同じような演奏ができるかどうか。朝比奈隆も、弦楽器になるべく移弦をしない難しい指遣いで弾くことを要求したそうです。奏者は弾きにくいと文句を言いますが、妥協しないでオーケストラにやらせたという。でも弾きにくいから悪いということではない。それによって響きが違ってきて、コクのある音が出てくるわけです。

野口　「コクのある演奏」というのは、曲に対するのっぴきならない想いが自然と音色なり弾き方なりに現れている状態であるはずなんです。

宇野　でも指揮台に立つ人によって出てくる音は違うじゃない。オーケストラの楽員が誰でも言うことだけれど、「どうしてそれだけで音が変わるのかわからない」と。指揮というのは一種精神的なものなのだろうね。マタチッチなど、N響からすごい音を出していた。でも、オケによってはまったくダメ。ウィーン・フィルを振ったこともありません。あそこは、自分たちのじゃまをしないような指揮者ばかり選んでいます。ぼくならマタチッチや朝比奈を呼ぶけどなあ。

野口　朝比奈が来たら、ウィーン・フィルは嫌がるでしょうね。

宇野　大阪フィルの弦楽器パートには嫌われていました。でも管には支持者が多かったし、聴衆は喜んでいましたよ。聴衆には伝わっているんです。オーケストラからすると、音の間違いを指摘しないとか、棒が下手だとか、言っていることがおかしいとか、そういうことで判断しがちなんです。

録音の演奏

宇野　ところで、野口さんは自分の演奏の録音を後で聴く場合、実演と同じ感覚で聴けますか。

野口　同じ感動が得られないと感じることはあります。記録のためにひとつの演奏会で三か所くらいに録音機材を置いてあることがあるのですが、聴き比べたときに「同じ演奏なのか?」と思うくらいに違うと感じるときがある。もちろんプロが録れば最良の音になるのでしょうが、要は録音場所や機材によって演奏の印象がずいぶんと変わってしまうということなんです。だから、実演と全く同じ感動を得ることは無理としても、それをきちんと仲介してくれるような録り方がなされないといかんなあと。

宇野　自分の録音を聴いて「テンポが遅すぎたな」とか「ここのバランスが悪かったな」と思ったときに、それを「録音されたものは実演とは別」と割り切るか、それとも反省して次の演奏に生かそうとするか、どちらでしょう。

野口　やはり反省材料にしますね。今やデジタル時代ですから、テンポが違って再生されることはありませんし、もう一度演奏するとしたら参考にしようとは思います。ただ、テンポというのは絶対的なものではなく、演奏するときの空間や、演奏者のコンディションなどで変動するのが本性だと思いますが。

宇野　では、演奏のミスがあったときに修正したいと思う？

野口　例えばホルンは音を外しやすい楽器だから、録音ではホルンのミスはどうしても気になります。録音は何度でも聴くものだから、聴くたびに同じ場所でホルンの音が引っくり返るというのはやはり好ましいものではありません。ぼくも録音に関しては素人ながら、コンピューターのソフトを使って、リハーサルの音を切り取って本番のそれに張り付けるということをこの間初めてやってみました。

宇野　それはやるべきですよ。

野口　いくら録音に積極的でないとはいえ、それが人の手に渡るとすれば、傷があるよりはない方がいいですよ。

宇野　ぼくは別の演奏会から音を持って来て修正したことがありますよ（笑）。《第九》第一楽章コーダのホルンのソロが音を外したのだけれど、リハーサルの音源がなかった。でもちょうど同じテンポの演奏があったので、その音源を使って修正しました。

野口　それなら、聴いてもわからないかもしれませんね。

宇野　わかりません。わからなければいいんです。カラヤンもそういうことをよくやっていたそうですよ。

野口　カラヤンの時代は高度な技術者がいなければできませんでしたが、今の時代はワープロで文章を切り貼りするのと同じような感覚でできてしまいますからね。

「レコードが発明されて、演奏がつまらなくなった」

宇野　では録音に関して、一〇〇%自分の演奏だと言えますか。

野口　それは言えませんね。というか質問の意味がちょっとわからないかな。確かに自分が指揮したものではあるが、全てに満足したことというのは今までありませんしね。

宇野　やはり「実演を聴いてくれ」と。

野口　できればそうですね。でも一度聴いたくらいではその曲とか演奏家のことはわかってもらえないかもしれない。だからひとつの曲ではなく、いろいろな曲で聴いてほしいんですよね。そこまで私のＣＤは流通しておりませんが（笑）。何よりも、その曲の良さが間違って伝わることは避けたいと思っています。

宇野　フルトヴェングラーが一九三〇年に、「レコードが発明されてみんながレコード用の演奏をするようになり、それが舞台にまで進出してきて演奏がつまらなくなった」と言っているんです。

野口　当時のまだ幼稚なレコード技術しかなかったときに、今の時代の人にグサッと来る言葉を言ったなと思います。ぼくが東京フルトヴェングラー研究会の活動をやっているのもその理由なのですが、彼の言葉はさらに文明が発達した未来に向けての警句になっていることが多いんです。ところが当の時代に生きている我々が、こうした警鐘に対し最も鈍感になってしまっているように思うのですね。

宇野　録音というものが当たり前になりすぎていますね。

野口　本来、録音には録音の良さが、生演奏には生演奏の良さがあるはずが、録音が当たり前になってしまうと生演奏も録音前提のものになってしまっているのではないだろうか。

宇野　それはぼくも思います。

野口　「あとで直せばいいか」と思いながら指揮している自分がいるかもしれないんです。「これはいかん」と感じてはいるけれども、どうしようもない（笑）。

宇野　録音されているときには、あとでそれをどう聴かれるかということまで考えて指揮しますよ。それはいったいマイナスなのか、プラスなのか。

野口　結局プラス・マイナス・ゼロのようになってしまっている。演奏会に来られない人に録音で聴いてもらえるのはプラスですが、演奏の質が向上しているかというと極めて疑問です。一九三〇年代にフルトヴェングラーが予言したことがまさに的中していて、現代の演奏会のレヴェルは上がっていないのではないか。むしろ「録音用の生演奏」というものが一般的になってしまっているのではないか。本来録音と生演奏は住み分けるべきものなのに、相殺しあっているのではないかと思います。

録音による演奏の変化は、本当に必要だったとは思えない

宇野　一九三〇年くらいの演奏というのは、誰でも緩急の差が激しく付いていました。でも、その録音を多くの人が聴いて「これはやりすぎた」と思ってしまった。あの頃の演奏というものは、やはりレコードで聴くとやりすぎに感じるんです。だからフルトヴェングラーの言っている「レコード用の演奏」というのは、レコードを聴くことで指揮者が反省した結果なのではないでしょうか。その反省は良かったのかどうか。今はイン・テンポの演奏がほとんどですが、もし録音というものがこれほど発達しなかったとしたら、フルトヴェングラーの時代から変わっていなかったかもしれません。

野口　もちろん時代による変化ということもあるでしょうが、それが音楽にとって本当に必要な変化であったとは思えないんです。

宇野　フルトヴェングラー自身、一九二六年の《第五》ではまさにレコード用の演奏をしてしまっています。やはりレコードと生とでは分けていたのでしょう。

野口　ＳＰレコードの時代ですから、四分ごとに演奏を切らなければならなかったということも関係しているのではないでしょうか。こういうことをしなければならないというのは、生演奏の本質にとっては致命的ですよね。レコードとは関係ありませんが、リヒャルト・シュトラウスが指揮をしていたとき、時計を見たら友人との約束の時間が追っていたために、テンポを速めて間に合わせたという逸話がありますが……。

宇野　昔の指揮者はそういう「遊び感覚」とでも言うものがあったように思います。

野口　今は録音の音も良くなっていますから、良い装置で聴くと音が出た瞬間に良い音楽家かどうかまで品定めされてしまう可能性があります。だから録音に対して慎重に臨まざるを得ないということなのでしょうか。

何もしなければ音楽を失ってしまう

野口　近年、時代考証に基づく演奏が盛んに行なわれていますが、これもまた現代の演奏に大きな影響を与え、再構築をしているようにも感じます。でも、ぼくは全く好きじゃない。本当に真面目な追及はなかなかなくて、ポーズが先行しているように感じるからなんです。古楽器にもいろいろな入り方があって、全面的に学び直して古楽器演奏家に鞍替えしてしまった人もいるし、モダン楽器を使いながら、古楽器の奏法のみを取り入れた折衷型もあります。そのあたり、どう思いますか。

宇野　面白いと思いますよ。巨匠がいなくなり、モーツァルトやベートーヴェンが実につまらなくなってしまったんです。そのつまらなくなった時代に古楽器演奏というものが出てきたわけです。最初はメトロノーム指定のテンポにこだわったノン・ヴィブラートによる演奏というだけで、斬新ではあるけれど抵抗がめった。でもその後だんだん成熟してきて、デイヴィッド・ジンマンやロジャー・ノリントンのように古楽器の考え方をモダン楽器による演奏に取り入れる指揮者も出てきた。

野口　彼らは古楽器の奏法を取り入れてはいるけれど、昔の音を目指しているわけではなく、全く別の場所に向かっているのではないかと思います。モダン楽器のオーケストラがベートーヴェンを演奏し続けることは倦怠期に入ってしまったけれど、古楽器によるオーケストラだけでビジネスをすることは難しい。だから中途半端な折衷になる。つまり純粋的な音楽的意味というよりも、新しい血を入れて活性化させ、あわよくばビジネスにもつなげたいという思惑から発しているように思うんです。

宇野　結果としていろいろなスタイルのベートーヴェンが生まれてきて、一人の指揮者が巨匠風にもできる、古楽器風にもできるという状況になっています。サイモン・ラトルのベートーヴェン・チクルスを聴いたら、ずっと古楽器スタイルで来て《田園》や《第九》だけは巨匠風に演るんです。《第九》冒頭のテンポなどもフルトヴェングラーに近い。こういうバラエティというものは、ぼくは買っています。モダンのオーケストラでも弦楽器の編成を小さくしたり大きくしたり、弦楽器の配置を変えたりと、いろいろな試みができます。どれも正しいと思う。

野口　今までと違う音が出ていますから、聴衆にとっても演奏者にとっても新鮮だという側面は確かにあります。でも、それを本当に求めてやっているならいいのですが、単に昨今のベートーヴェンがつまらないから目先を変えてみようと思っているなら、それは本末転倒かなと。そして、そういう考えでやっている人の方が多いように感じるんです。「悪貨は良貨を駆逐する」わけで、ましてや現代においてはあっという間に広がってしまう。広がるのが良いものならいいのですが、悪いものが増殖すると、ひとにぎりの良いものがかき消されてしまうということが容易に起こりうる世の中なんです。

良ければ何をやってもいい

宇野　「こういうスタイルはだめだ」ということは音楽にはなくて、演奏というものは良ければ何をやってもいい。感動的になるのなら、例えば楽譜を改変するのもありだと思う。《エロイカ》第一楽章の終盤で、譜面通りだとトランペットが途中で旋律をやめてしまうのですが、原典主義だった朝比奈でさえ、あそこだけは最後まで吹かせていましたからね。

野口　結局のところ、「楽譜に忠実」と言っても、何をもって忠実というのかは本当のところはわからないわけで、それなら開き直ってでも自分が面白いと思うこと、感動すると思うことをやるというところでの判断は、もっと指揮者なり演奏者なりの直観的な部分に任されてもいいと思いますね。フルトヴェングラーの言葉に「ヘンデルの中に自分自身を探せ」というようなのがある。どんなに楽譜に忠実、スタイルに忠実でも、演奏する本人がそれに本当に共振しているかどうか、そこが一番大事だということなんでしょうね。聴き手がまた違う嗜好を持っていたとしても、演奏者が自分を偽らずに正直な音楽をしていれば、それはそれで十分に説得力をもって相手に伝わるのではないか。

宇野　ぼくは本職の指揮者ではないからどんなことをやっても失うものはないけれど、指揮を生業としている人はあまり好きにやってしまうと失うものも多いのではないかな。

野口　でも、何もしなければ音楽を失ってしまいますよ。

宇野　良いことを言うねえ（笑）。

音楽そのものからくる感動と、音楽以外のものからくる感動は区別しないといけない

野口　熱心な聴き手であれば演奏に感動を求めますよね。でも、ぼくらはちょっと一種の「感動病」になっていないでしょうか。感動を手っ取り早く得るということにこだわり過ぎてはいないだろうか。それが普通と思ってしまうと、音楽の本筋から外れて行ってしまうのではないか。皆さん感動は外からやってくるもの

だと思っている。でも感動が起こるためにはそれだけではだめで、我々の内面性が然るべく熟してこないといけないわけです。つまり、そう簡単に感動などは訪れないと考えるべきであって、それを意識的に性急に求めてもかえって逆効果になってしまう。だから、逆説的ですが、安直な感動をむしろ断念する、放棄するところに、本物の感動を得る可能性が生じるのではないかと思うのです。簡単に言えば、邪念のあるうちは感動しないんです。それと、音楽そのものからくる感動と、音楽以外のものからくる感動は区別しないといけない。例えばフジコ・ヘミングは確かに良い弾き手だとは思いますが、多くの人は演奏そのものよりも、彼女自身にまつわる悲劇的なストーリーなど、売るための戦略に乗せられて、刹那的な感動に流されてしまっているのであり、結局はアーティストの真価を見損なう危険性があるように思います。

宇野　大ありじゃないですか。佐村河内もそうだし、フジコ・ヘミングだって同じだよ。結論的にはぼくは好きじゃない。

野口　でも、聴衆は口々に「感動した」と言いますよ。

宇野　佐村河内のゴースト・ライター騒動で「だまされた」と言うのなら、そんな感動は嘘っぱちですよ。本当に感動したのなら、何か起こってもその考えを変えるべきではない。だって佐村河内が偽物だったとしても、鳴っている音楽は変わっていないのだから。

野口　そこを先生のような大御所がびしっと発言なさって、好き勝手を言っている有象無象を叱っていただけたらいいのですが。今、変な話なんですが、音楽だけを聴いてそれを評価するという土壌がなくなっているように感じます。音楽家、演奏家なのに、その音楽を人が真っ先に求めずに、ハンサムかどうか、ハンディキャップがあるか、波乱の人生を送っているか、などと余計なことに関心が向いているのです。評論家はいくらそれが儲かろうとも、間違った道だと思ったら、はっきりと批判してほしいのですよ。

宇野　聴き手にも才能がいるんですよ。クラシックが本当にわかるような才能を持っている人は少ないから、「クラシック音楽の大衆化」はもともと無理なんです。

構造はモーツァルトの時代と変わっていない

野口　でも、音楽家サイドでは見ていて痛ましいくらい無理して大衆化しようとしていますよね。その結果、せっかく大勢に聴いてもらえたとしても、もうそこにはクラシックはない、ということになりかねない。大衆化をすればするほど、音楽の内容は非精神化が進む。関係者には申し訳ないけれど、ぼくにはそういう努力がクラシックのためというよりは、自分たちの生活のためなのではないかと思えてしまうんです。音楽家の生活も大事かもしれない。でも、大衆にあまりにも迎合した結果、肝心の音楽の内容が薄まってしまい、人々を惹きつける魅力を失ってしまえば、それは何のための努力だったのかということになりはしないでしょうか。最後は自分たちの首を絞めてしまうのではないかと思う。

宇野　「カラヤン現象」のようなものは、嫌だとは思うけれど必要なんですよ。カラヤンによってクラシックが盛り上がったおかげで、本当に才能がある人が出て来られたという側面もありますから。そういうスターがいないと、本来クラシック音楽というものはマイナーなものなんです。みんながクラシック音楽を聴いて幸せになるということはあり得ないのであって、ピカソの絵と同じで一部の人がわかるものなんです。

野口　なるほどとは思いますが、得たものと同じくらい失ってしまったものがあるんじゃないですか。圧倒的多数の人がクラシック音楽がわからないとすると、そのわからない人たちの求めることに沿っていかざるをえないということがどうしても出てくる。結局、自分の中にダブル・スタンダードを作らないといけなくなってしまう。ぼくなんか、まだかろうじて裏表なく本音で言い続けていますが、周囲があまりにもそうでないため、誤解をこうむったり、深手を負うことばかりで。社会的にはあまりにも損な立場にいると感じます。少数の人しかクラシック音楽がわからないことを承知しながらも、より多数の人に勧めて、多数派の人からお金をもらうことでその少数を維持していく。それは今の僕にはなかなか難しいのですよ。

宇野　モーツァルトの時代と変わっていないんですよ。本当に音楽がわかっているかどうかあやしい貴族がお金を出してくれたおかげて、モーツァルトやハイドンは音楽を続けることができたわけですから。

一番大事なのは偉大な音楽家の精神の継承

野口　先ほど、「古楽器演奏が出て来る前にベートーヴェンがつまらなくなっていた」とおっしゃいましたが、実はフルトヴェングラーがすでに「ベートーヴェン演奏がつまらないと言われて久しい」と書いています。「それはベートーヴェンがだめになったのか、それを受け止めている我々の感性がだめになったのか、考えて欲しい」と書いているんです。「つまらない演奏がまかり通っているために、聴衆もベートーヴェンがつまらないと勘違いしてしまっているのだ」ということなんですね。

宇野　いくら名曲でも指揮者が平凡だと、平凡な音楽にしかならない。それは演奏の本質と言えるかもしれません。

野口　だから、最近よく思うんです。演奏家は一度、そう簡単には演奏できなくなればいいんじゃないか、と。いま我々の周囲には音楽家も音楽も、オーケストラもディスクもあり過ぎるんです。あり過ぎるから、有難味や尊厳を感じられず、音楽を粗末に扱うようになってしまう。ただこなすだけみたいな演奏もますます増える。一度、不足した不自由な環境になってみたらよいのにと思う。そういう状況に追い込まれたら、それだけ思いが深くなって、音楽の質もアップするような気がします。方法は何でもいいから、フルトヴェングラーのベートーヴェンに対する想い、畏敬の念のようなものを取り戻すべきだと思うんです。形やスタイルを真似してもしょうがない。一番大事なのは偉大な音楽家の精神の継承なんですから。

フルトヴェングラーも時代を嘆きながらも、それを超えていったわけです。彼が主著『音と言葉』の中で「第二の知性」について語っていることは、現代の音楽を考える上でも重要な手掛かりであり、いくばくかの希望を与えてくれるものです。「第二の知性」というのは、知性そのもののありようを認めたうえで、それを正しく用いる智慧のようなものと言えるでしょう。我々が技術の時代に生まれてしまったことは仕方がないことで、今こうしてフルトヴェングラーについて話せるのはその技術によって録音が残っているからです。

ただ、便利だからと言って濫用したり、弄んだりすると、そのツケは必ず我々に還ってきます。技術の進歩や資料の豊富さをプラスに生かすということが果たしてどういうことなのか、我々は緊急に考え始めないといけない。難しいのですが、それを成功させないと音楽の未来はない、とぼくは思っています。

（ONTOMO MOOK『宇野功芳対話集 演奏の本質』音楽之友社　二〇一五年）

4 音楽時評と演奏評論

今では音楽評論はほとんどしなくなっているが、三十歳台はかなり演奏会やディスクの評論やエッセイを書いていた。特に多く寄稿していたのは月刊『音楽現代』（芸術現代社）と月刊『音楽の世界』（日本音楽舞踊会議）である。音楽家の団体の機関誌である後者には編集でも関わり、編集長を務めていた時もある。

雑誌の編集をしていると、いろいろなタイプの文章が必要になる。当然ながら、音楽家だから音楽だけ考えていればよいというわけではない。よりよい音楽を目指せば、それが置かれている環境や社会の在り方にも関心が向くのは当然である。

発表した当時はたいした反響はなかったが、今読んでも自分が面白いと感じる時評を数本選んでみた。

個々に収録されているもののうち最も若い時に書いたのは、一九九一年の『ウォークマン文化論』で、私はこの頃はまだ哲学の勉強をしていた。最近、これの内容が他の社会科学系の研究論文によって取り上げられていることを知って驚いた。

ウォークマン文化論

自然環境の汚染や破壊が指摘されて久しい。これは結局、文明の産物としての「人工的自然」で以て、元々私たちに与えられている「本来的自然」の代りが務まると勝手に思い込んだ人間の傲慢が招いた惨事ではないだろうか。もしそうなら、同様の状況が音楽をめぐる世界にも起っているということも当然考えられる。特にマスメディアの発達した現在、テレビやラジオやコンパクトディスクによって音楽を楽しむのが主流となってしまった私たちの生活において、音楽そのものはどのような影響を受けることになるのだろう。

人間と音楽との関わりを変えるもの

この問題を考えるための道具として、私は自ら愛用者であるところの「ウォークマン」を登場させてみたい（この名称は既に普通名詞化していると思われるのでそのまま使わせて頂く）。文字通り歩く人間のポケットやバッグの中に入り、忠実な従者さながらに作られた「ウォークマン」。彼の登場は人間と音楽との関わり方を革命的に変えたのではなかろうか。

もちろん彼の登場ということからして、すでに、日常生活における私たちの必然的な要請に応える形で実現している。現代人の生活は、便利になった分、緊張と速度が増しているのであって、私たちは心の安らぎと慰めを音楽に求めている。人間と行動が共にできるレコーダーが必要である。

しかしそうはいっても、「ウォークマン」と関わることによって、音楽が「いつでもどこでも」聴けるようになると、私のように古典的な（？）考えの持ち主には、ちょっと手放しにできない状況が産まれてくると思うのだが、どうであろうか。つまり、ウォークマンと関わることで、芸術音楽はいかなる仕打ちをこうむるか。それはまさに、音楽の芸術的意味とか生命とかの存亡に関わる問題となってくるのではないかと思われる。

二つの問題点を提出してみたい。

寸断される音楽

まず第一の問題点。楽曲は日常生活の都合によっていかなるときに寸断されても不思議でなくなる。もちろん厳密にはこの現象はもっと昔から、つまりレコードの出現時から起こってきたものではあるが、ウォークマンにおいて私たちは余りに手軽に機械を扱えるため、一つの演奏を途中で止めるという、ある意味での「心の痛み」をほとんど感じなくなっているのではないだろうか。

そう硬いことを言わなくても、と思う読者はいるだろうか？

考えてみていただきたい。たとえばソナタ形式の曲をひとつ取り上げてみれば明らかなように、いくつかの主題が提示され、さらにそれらがからみ合いながら発展し一応の高揚を見せた後に冒頭に回帰する等の、時間における音楽的素材の有機的な連関が、ウォークマンで聴かれる時には常に中断の危険にさらされることになるのではないか。厳密な意味では時間の芸術とはいえない文学作品においても、もしそれが断絶しながら読まれれば、感銘の低下は避けられない。ましてそれがソナタのような、時間の推移の中で展開される音構築物の場合には、中断ということは作品の生命にとって致命的であるといえまいか。

ながら聴きの浸透

第二の問題点は「ながら聴き」である。これはなにもウォークマンに限った現象ではないが、特にウォークマンを使う生活では当り前になってきている。そこでは、オペラにしろ交響曲にしろ、深く集中せねば得られない音楽的内容の把握が困難になるのだが、たとえ曲を途中で切ったりしなくても、このような聴き方では何度くり返したところで無駄である。私自身既に自覚症状があったことだが、たとえばある交響詩において、管弦楽がいかに深い音楽的内容のある演奏をしていたとしても、「ながら聴き」の私には、それは単に音響の集積以外のものには受けとられない。つまり管弦楽の音として聴くにとどまり、もう一歩踏み込んで作品の音楽的な内容に則した音として聴くまでには至らないのである。このような場合「聴」という漢字を「聞」に改めるべきであろうか。いずれにしても「ながら聴き」は、作曲家によって意味付けられた作品としての音を、単なる素材としての計測可能な音に変質させてしまうのではないかと強く感じる。

以上第一第二の問題点を通していえることは、ウォークマンを取り込んだ生活において、音楽がその芸術的価値をいよいよ喪失しているのではないかということだ。

もちろん、これは聴く側の主体的な工夫である程度防止できることかもしれない。しかし、最近の街中で売り出されている芸術音楽のソフトを調べてみると、むしろそれらにはウォークマンで聴かれることを願って録音されたような演奏が多いのも確かだと思われる。

「いつ、どこでも、どの部分から聴いても楽しい」演奏であることも、芸術音楽が商業ベースと結びつき大衆のものとなるためにはむしろ必要なのであろう。

ほかの音が混入する

もう一つ、第三の問題点として、演奏への他の余計な雑音の混入ということがあげられる。電車の中では、常に車両の機械音や周りの人々の話す声が混ってしまうであろう。街中では、自動車の走行音や工事現場の強烈な音に、イヤホンからの音楽は全くといっていい程かき消されてしまうかもしれない。

ある日、私はウォークマンと共にレコード屋へ入った。店内では快速でダイナミックなロック音楽が鳴り響いていたのだが、一方私のウォークマンはモーツァルトの「レクイエム」を流していたのである。店に入る前は、確かに街のざわめきが混入してはいたものの、音楽に集中できないという程ではなかった。

しかし、店内で私の頭の中で混ざり合った二つの異質な音楽は、それぞれの有していた美質を喪失してしまったのである。つまり、快活で開放的なロック音楽は私にはけたたましくご耳障りなものになり、一方しめやかで荘厳な感じの「レクイエム」は、その崇高な輝きが急にとりすました冷たい音に変じてしまったのだ。

そして、そのような時、「現代的」とでもいうのだろうか、なにか味けない白けた気分に自分が完全に領されていると感じたのだったが、それと共に、あの戦後のいわゆる「前衛的な」音楽作品のあり方にもちょっぴり共感できるような気がした。たとえば、コラージュ的技法による作品や、偶然性の美を求める作品などは、この場合の私のウォークマン体験と少し重なるものがあると思った訳なのだ。それまで半分悪ふざけであろう位にしか思えなかった現代音楽が、むしろ今日の文化についてのまじめな思索から産まれてきたように思えてくるのだから不思議なものである。

それらの音楽が芸術として成り立つか否かは別の問題である。しかし、たとえばジョン・ケージの「クレド・イン・アス」という作品において、ベートーヴェンの交響曲とラテン風の強烈な打楽器の音楽が切り貼りされ同時に流されたりするようなものである。

少なくともそれは「社会の鏡」としての役を果たしているといえるのではないだろうか。

それではウォークマンは罪だけか

ここまで考えてくると、どうもウォークマンに対する私の評価は「功」よりも「罪」の方が上まわっているようだが、ウォークマンを使うことをやめようとは思わない。実は、ウォークマンならではの、ウォークマンでなければ得られない音楽の感動というものがあるのでは、と最近思うからである。

たとえば、新宿の高層ビル群の下を、冷い風に吹かれながらコートのえりを高くして歩いているような時、ウォークマンでショスタコーヴィチの交響曲第五番の第三楽章を聴いたとしよう。その弦楽器と少数の木管楽器による透明な、いやむしろ冷徹なといえるほどの音楽は、いつ聴いても素晴らしいものである。しかしこの音楽と、私の周りをとり囲んでいる高層ビル群の巨大で無機的なシルエットが重なり合い、さらに、ビルの谷間に特有の強い風が身体から熱を奪うとき、ひとつの言いようのなく重みのある印象が私を襲うかもしれない。

あるいは、好天気に恵まれた日に観光バスに乗り、日本アルプスの豊かな自然の中に入っていくとき、イヤホンからブルックナーの第四交響曲の冒頭が流れてきたらどうか。静かで神秘的な弦楽器のさざ波の中から、忽然と独奏ホルンのテーマが浮かびあかってくるならば、私の胸には、車窓からの雄大な景色もまた、忘れ難いものとして刻み込まれるかもしれない。

以上のような場合は、視覚等と音楽が同時に私たちに作用する訳であるが、私たちはそれらの作用を、テレビ番組のように意図的に組み合わされたものとしてではなく、日常生活の営みの中での一度限りの体験としてそれも各人各様のあり方で受け取るのである。両作用の組み合わせは無限であるといってよいから、ウォークマンによる音楽の新しい楽しみ方が可能になったというのは言い過ぎだろうか。もちろん、両作用の組み合わせはミスマッチの場合がほとんどであろうし、音楽を安易にそれ以外の要素を結びつけようというのは感心できない。しかし、このような音楽の新しい楽しみ方の中に、私はひとつの肯定的価値を見出す。言いかえるならもともと否定的価値であったものが肯定的価値に転ずる。

つまり弁証法的な発展の継続をウォークマンが生じさせたということかもしれない。

ウォークマンを作ったのもまた人間

さて、以上書いてきたことは、現代の音楽的環境についての私的な切り口の一つに過ぎないから、それについて読者が様々な反応を示すことは当然である。しかし、結局私が言いたいことは次のことにつきる。それは「たかがウォークマン、されどウォークマン」ということである。

なあんだ、そんなことか、と思われるだろうか。でも、私にとっては、ウォークマンは私たちの偉大な音楽的遺産と関わり、これからも関わり続けていくことを思う時、それはのっぴきならぬ問題となる。なぜなら、ウォークマンを作ったのは私たち人間だからだ。ここが悩ましいところなのだ。

ウォークマンによって私たちの音楽生活が変質させられたとしても、私たちはそれをあくまで自らの責任として受け止めていかねばならない。彼の登場は時代の要請であり、そのこと自体に罪はない。ただ、自ら産み出した文明の利器に逆に支配されてしまうのは恐ろしいことではないかと思うのだ。

ウォークマンを、たかがちっぽけなテープレコーダーであるとばかにすることはできない。そのコンパクトなボディーには、私たちの音楽生活を生かしも殺しもする巨大な可能性が潜んでいる。

(『音楽の世界』一九九一年一〇月号)

死にいたる病

衆議院選挙が終わった。与党・自民党は苦戦し、解散前の議席を下回ったが、これまで連立内閣を組んでいた保守新党が解党して合流したため、なんとか絶対安定多数を確保した。野党は共産党や社民党が議席を半数以下に減らすなどして大きく退行したが、民主党は四〇を増やす一七七議席と躍進した。これで自民党との二大政党制が現実に近づいたとして評価する意見もあるようだ。

しかし、果たしてそうか。一番の問題は五九、八六パーセント、戦後ワースト2と言われる投票率の低さである。投票に行かなかった人々は、ひっくるめて「無党派層」などと呼ばれている。この人たちが投票場に足を運べば現政権の交代は容易であるらしい。

実は私も投票には行かなかった。運悪く投票日に海外にいたためであるが、その気になれば不在者投票をするとか対策はあったはずである。しかし、不在者投票はもちろんのこと、投票そのものをする気がなかった、というのが真相である。そして、この気分は「無党派層」の人々の多くが共有しているものではないかと思う。

政治などにはもともと何の関心も抱かない人もいるであろうが、私は本来こうしたことには関心があり、国民の一人としてなるべく投票するべきであるとは思っている。しかし、今の政治家は信じられず、どの党に投票したらよいかわからないというのが正直な気持ちである。

政治家は理念だけではなく、実践も必要だ。自分のアイデアを具体化していくにあたっては、時には考えの違う人々とも連携しなければならないし、駆け引きや打算をあえてすることもあろう。が、それも自身の信念あればこそ許容されるのである。今の状況はそうではない。信念などはかすんでしまい、渦巻いているのは政治の世界で生き残り、利権にあずかろうとする欲望だけである。

一番許せないのは、選挙後に保守新党が解党して自民党に合流したり、少し前では自由党が民主党に吸収合併されたことである。いったいこれは何なのか。もし政策的にもまじめに考えての合併なら、そもそも最初から一緒にいればよかったのである。実情はそんなものではない。少数政党に甘んじることに耐えられなくなり、権力がほしいという誘惑に負けてしまっただけなのだ。今まで少ないながらもこれらの党を応援してきた人の気持ちはどうなるのか。こうした無節操な、政治家の根本的資格が問われるようなことを平気ですることが、本当の政治に対する不信、無関心、無気力感を深刻に増大させているのである。

しかし、こんなことがまかり通る政治の世界は、実はそのまま私たち自身の内面を映し出しているのかもしれない。ひどい政治家であっても、彼らの言うことに踊らされ、あるいは無関心のため投票場に行かないことによって、彼らに傍若無人な振る舞いをさせてしまっているのは、結局私たちなのだ。一方的には誰も責められないが、かといってこのままでは大変な結果を招くように思えてならない。

理念だの政策だのと言う前に、人間から愛情や尊厳が喪失し、現状を変えようとする気力をも枯渇させている、ということこそ問題である。デンマークの哲学者キルケゴールは「死にいたる病」としての絶望を考察した。「真の絶望は、自らが絶望していることを知らないということである」という言葉は、私たちに鋭く突き刺さる警句である。

不況の世の中とは言え、肉体の生存が今すぐに脅かされるような状況ではない。しかし、精神の生き死にこそは、平素は意識されることは少ないが、実は最重要の問題である。理想であるとか奇麗事であるとか言ってすまされることではない。生きる意味が失われようとしているのだ。この問題を今すぐ強烈に感じ考えることは、心の芸術を営む私たち音楽家の急務ではなかろうか。

(『音楽の世界』二〇〇三年十二月号)

心から心へ

戦後六十年を迎えて八月はその関係の報道が多かったが、中でもＮＨＫが二晩にわたって放映した靖国神社の特集や、被爆者たちの活動の現状に関する番組、アジア諸国から参加者を迎えての討論番組などを見て強く印象に残ったことがあった。

何かを訴えようとして励むのは良いのだが、つい自分の立場だけに固執してしまうと、そもそも望んでいたのとは逆の印象を相手に与えてしまうのである。

たとえば靖国神社特集で、首相の参拝に賛成するコメンテーターは、戦没者はみな「英霊」であるとしながらも、日本軍による他国民の犠牲者や、日本の植民地での非人道的行為についてはなんらの言及もしない。ディベートだから致し方ない面もあるにしても大いに気になった。

また原爆特集では、語り部としてアメリカへ赴いた被爆者が、自ら経験した未曾有の惨禍を語ることによって、一部の市民の共感を得られはしたものの、むしろ「戦争を終わらせるため日本は原爆を落とされても当然だった」という米国世論を改めて実感したことが報告されていた。悩ましい現実に愕然とさせられる。

犠牲者と呼ぼうが、英霊と呼ぼうが、戦没者を悼むこと自体は自然な行為である。しかし、日本の戦没者をあくまで「英霊」として弔うことにこだわると、日本のために殺されたり苦しんだりした他国民にはあまりにも身勝手に思われる。

広島・長崎の惨劇は二度と繰り返してはならない。しかし、そればかりを被爆者が強調することで、被害者である意識を強く持っているアメリカ国民が反発を感じてしまう。

日本にとってあの戦争は明らかな侵略的意図を持ったものであったか、やむを得ずして行った自国防衛のためのものであったか、解釈は分かれている。戦争に行ったのも国に命令されたからで個人にはどうしようもないと言う人もいる。

しかし戦争の結果として、敵味方がお互い殺し合い、双方に多大の犠牲者を出したという事実は動かせない。

そのことを、戦争を指導した人、あるいは加担した人が「人間として」どう感じるのか、が問われなければならなかった。他人に裁かれる前に自分はどう思うのか、が問題なのではなかろうか。

私が言いたいのは、戦争の勝ち負けや、政治の駆け引きとは関係のないことなのだ。

東京裁判が戦勝国による不当で不公平な裁判であったという考えがある。また、サンフランシスコ講和条約で日本の賠償の責任は手続き上は済んでいるかもしれない。アジアの周辺諸国だって、戦後、模範的な行いをしたとは決して言えない。

しかし、いかなる理由があったにせよ、戦争に関わった全ての人たちから罪責感は消えないはずなのだ。

そして彼らの子孫である私たちにもそれは受け継がれなければならない。この内なる罪責感を無理して消そうとしたり、または正当化したり、美化したりすることは、人間の弱さゆえに理解はできるものの、やはり恥ずかしいことであり、してはいけないことなのだ。

この点で音楽家の側からぜひ考えてみたいことは、「共感」もしくは「共苦」という概念である。自分の喜びや苦しみが、また同時に他人のものでもあることを、期せずして日頃から、私たちは音楽で表現してはいないだろうか。真に優れた音楽作品や演奏行為であれば、それは人間の個別の事情を表現するのでなく、個を超越した普遍的なものを表現するはずだからである。

古今の美学論を持ち出すまでもないが、時空の制約はあるにしても、音楽は人類が生んだ純粋な魂の表現であり、個人の利害や好悪の情を刹那であっても溶解し昇華させてくれる。だから、音楽自体には特定の思想や信条を表現することはできない。

しかし、残念ながら音楽は常に利用されてきたのだ。国境や民族を超えて人心をひとつに融和させるべき音楽も、特定の民族や国家の色に染め上げられ、狭量なナショナリズムを盛るための器になることも多かったのだ。

戦争のために駆り出される音楽というのも悲劇だが、平和のために音楽をするというのも本質的には間違いではなかろうか。音楽を手段にしてはならない。私たちはひたすら音楽をするだけだ。音楽のすばらしさに純粋に心を洗われる感受性を持ち、他人の苦悩にも十分に感応できる人であれば、自然と平和を願い、自己正当化をしたり戦争をしようなどとは考えないであろう。

理想論と批判されるかもしれないが、音楽家ならばこういうことに敏感になるべきではないだろうか。「心から心へ」というベートーヴェンの言葉は今ではますますその重要性を増しているのだ。

（『音楽の世界』二〇〇五年一〇月号）

心の闇からの叫び

「先生、いまあたし切っちゃった。死んでもいいかなあ?」

少年少女の間で、剃刀で手首を切るリストカットという自傷行為がこれまでになく増えているらしい。そうした少年少女にメールや電話でケアーに取り組む元教師の奮闘ぶりがＮＨＫテレビで紹介されていた。

リストカットの流行に直面した体験は私にもある。三年ほど前、音楽大学での授業中、欠席の学生から「私、リストカットしちゃったんです」という電話がかかってきたのだ。「リストカット? そりゃなんだい?」作曲家リストの名前をもじったピアノ曲かしら、などと短絡して大声をあげた私は、逆に学生たちに笑われた。

しかし、どうも私には、この行為は理解を超えている。他人に自分を認めてもらいたいにしても、あるいは自分が生きていることを自ら確認するためにしても、なぜ手首を切る必要があるのだろう。そんなことをしないで、なぜ堂々と自らの言葉で表現しないのか。

ひょっとして、彼らは言葉で表現することができないのではないか。表現できないほどの苦悩を抱えているのかもしれないが、とにかく日頃から自分の考えを言葉に表したりするような訓練がほとんどなされていないのではないか。考えてみると、これも恐ろしいことである。また、彼らの抱える意識や願望が様々であるなら、その発露の仕方も様々であるべきだが、剃刀で体を傷つけるというやり方は画一的で、そんなぎりぎりの切羽詰まった行為ですら流行のパターンに則らざるをえないというのが悲しいというか情けない。

しかし彼らも大いに問題だが、そんな子供に育てた親、学校、社会は・・・結局は大人の問題にも行き着く。

後先も考えず自暴自棄の行為に走る子供に、大人は何を話してあげられるというのだろうか。よく考えてみると、そこがわからなくなってくる。

「人の命はかけがえのないもの」「人の気持ちになって考えよ」「感動する心を大切に」とか、紋切り型のスローガンを唱えることはできるかもしれない。でも、それがピンとこなくなってしまったら。頭ではわかっても骨身に沁みなくなってしまったら。

生身の人間の交流など不要にし、面倒くさいことは全て機械が肩代わり。ＣＤもメールもインターネットもそうだが、現実の生きた体験が簡単に代替物で済まされてしまう。

文明の利器はもともと人間の生活を豊かに便利にするために考え出されたものなのに、気がついてみると、私たちはそれらに幻惑され、振り回され、逆に支配されてはいないだろうか。私たちの精神はむしろ貧しく、虚しくなってしまったのではないか。これはたびたび言われる現代人への警告だ。

しかし、もっと怖いことがある。文明の利器に弄ばれた私たちが、これではいけないと気付いた時、既に事態は取り返しがつかなくなっているかもしれない。先に述べたリストカットする子供たちのように、言葉の大切さを説こうにも、彼らが既に言葉を解さなくなっていたとしたら。命の重みを知ってもらおうにも、命そのものが吹けば飛ぶような軽く、無意味なものに変じてしまっているとしたら。

人間は光を作り出そうとして、ある程度成功したが、同時にこれをはるかに上回る闇の世界を産んでしまった。私たちの精神の内部で、その闇は不気味な拡がりを見せている。闇が完全に心を占拠する時、心は死ぬのであり、同時に人間も死ぬであろう。

地球の荒廃も社会の荒廃も、結局は心の問題から出ているのだ。いま「かけがえのないもの」の価値、意味をいかに痛切に、深く感受できるか、そこに人間の再生の鍵があると思う。これは万人にとっての課題だが、特に芸術家の責任は重大だと言わざるをえない。

（『音楽の世界』二〇〇六年五月号）

音楽界もダイエットを！

いったいどのくらいあるのだろう。巷に溢れるダイエットの薬や食品、健康器具の広告。お隣りに餓死者が出るような国もあるのに、今の日本は依然として飽食の国だ。

ところで飽食とは食事のことばかりとは限らない。体に余計な脂肪がたくさん溜まったせいか、精神的にも弛んでしまったのではと思わせる事件が後をたたない。

私たちの営む音楽はどうだろう。これも根本的にダイエットしたりして見直す時期に来ているのではないかと思うのは私だけだろうか。

率直に言いたいのであるが、音楽家も音楽も多すぎるのではないか。本当にこんなにたくさん必要なのだろうか。果たして需給のバランスは正しく取られているのであろうか。

多くの人は演奏会には聴きたいからではなく、義理で出かけているのだ。なんでこんな演奏会が超満員に？

誰でも抱く疑問の答えがそれだ。中には音楽の内容よりも、音楽以外の話題やファッションで客を呼び込むようなものまである。そうした要素も期待できない場合は、ひたすら義理と人情を頼りに身内にすがる他はない。

頑張っている人はいる。しかし、ただ頑張るだけではだめなのではないか。現代特有の事情もあるからだ。

いま人は「生の」演奏会にどんな代価を払っても行きたいと思うだろうか。新しい作品を聴きたいと思うだろうか。そんなに切実な思いはないのだ。なくなってしまったのだ。なぜなら、あえて演奏会に出かけなくても、それよりも素晴らしい音楽体験を与えてくれるものをたくさん私たちは所有してしまったからだ。

その状況を招いた原因は、私たち自身にある。何といってもテクノロジーだ。著作権の切れた楽譜はインターネットでただ同然に見られるし、作曲も昔のものほど素晴らしい気がする。録音で聴ける往年の巨匠の名演奏は絶美で、今のほとんどの演奏家が霞んでしまうかもしれない存在感だ。往年の巨匠たちの当時、録音技術は未発達であった。しかし今からすれば劣悪な状態の録音が、現代人を完全に圧倒し、打ちのめしてしまうのだ。これをどう考えたらいいのか。

作曲家はいろいろな音楽を知りすぎてしまうし、演奏家は録音を聴いて「勉強」してしまう。今の自分の価値付け、位置付けはまあこんな感じかな……自分の作品や演奏が、どう批評されるか、聴かれるかをことさら意識するようになるから、音楽が当たり障りのない、こぢんまりしたものになりがちではないか。そんな、あたりに気兼ねしているお体裁の良い音楽が、魂をひっつかむような感動をもたらすはずがないのは自明である。

こうした状況で、聴衆がさらに新たな素晴らしさを求めて演奏会に行くであろうか。行くはずがないのだ。

フルトヴェングラーは、比較することからはかけがえのないものは生まれないと言っている。今ではマニアが彼のあらゆる演奏を集めて、演奏の細部の比較に夢中になっているのだから皮肉なものだが、彼の考えは現代人の価値観、世界観に鋭い警鐘を鳴らすものだろう。かけがえのないものは、比較を絶したものであるからだ。

要するに私たちは物量と引き換えに、決定的なものを喪失したのだ。たくさんの録音や評論に取り巻かれ、飽食し、何が本当においしいのか必要なのかがわからなくなり、音楽を本気でやったり求めたりする気持ちを喪失しようとしているのだ。

音楽家も聴衆もそういう相対的な価値観に蝕まれ、意欲をなくしているのに、今さらそれを告白するわけにもいかず、なんとなくだらだらと続けしまっているから、救いようのない悪循環が生まれるのである。

この悪循環を何とか断ち切らなければならない。どんな代価を払っても聴きたいと聴衆に思わせたいならば、音楽家はどんな代価を払ってもすごい音楽をやらなければならないのだ。ただし、センセーショナルなことをわざとしたり、聴衆に擦り寄って一時的な人気を博したとてそれが何になろう。これは精神の領域での問題である。まずは心の錦を取り戻す、あらためて音楽の原点を自らに問うことが求められているのではないか。

それができないならば、潔く音楽をやめるべきだ。この宿命的な無気力化の時代、精神が死に直面している時代に、あえてこの爆弾発言をして、私たち自身の存在理由を激しく問いたいのである。

（『音楽の世界』二〇〇七年三月号）

今音楽に求められる真実とは

とにかく、船場吉兆の女将みたいにはなりたくないと思った。

料理の使い回しが発覚した、謝罪会見。もっともらしい言葉は口にするのだが、言えば言うほど醜態に見えてくるのはなぜだろう。

言葉で言ってしまうとかえって嘘っぽく聞こえることがある。役人や政治家の発言が、その最たるものだろう。ああ、心にもないことを言っているな、と聞く耳のある人、人品を見抜くことのできる人にはわかるだろう。

記録用の発言としては正しいのだろうが、聴く人の心には響かない。言葉そのものは間違ってはいないはずなのに、なぜうさん臭い、良くない印象を与えられるのか。

音楽で言えば、作品は普通としても演奏がまずいのだ。演奏に「真実味」が欠けているのである。

音楽作品を構成する音符、演奏を構成する音、そういうものが嘘か真か、それを議論しても始まらない。

音楽は諸芸術の中でも特に抽象性の高いものであると考えられる。

ある意味では虚構なのに、それが本当に説得力ある、感動的なものとなるためには、音楽家が芸術としての「真実」を持っていて、それを表現しないといけない。そうでないと、人の求めている「真実」と共鳴しないのである。

作曲家はこうした作品を生み出そうと日々骨折っているのだろうし、演奏家もこうした音楽の再現に対する使命感と情熱に満ち溢れているであろうと信じたい。

しかし現実はどうだろう。少なからぬ人が、音楽に献身するよりは、むしろ音楽を借りて、利用して自己顕示をする方向に行きがちなのではないか。

それも本当に自分を出すのではなく、むしろ本当の自分は隠蔽し、ありもしない架空の姿に変身するのだ。

問題は真実を結局つかみ得ないのでそこを断念する、あるいは無関心でい続けることによって、虚構に終始するような、開き直った人のあり方にある。実はこれこそ現代の一大潮流になっているのだ。

音楽における技巧が進歩したというのも、目も眩むような華々しい超絶技巧ばかりではない。それは誰にでもわかる。むしろ、機械的でない極めてナイーブな、情感の表出のための技巧というのも、大変に発達したのだ。「発達」と言えば聞こえは良いが、問題なのは、音楽する本人にそんな気持ちが全くなくても、あたかも本人の気持ちのように真に迫って聞こえさせてしまう、効果的な技巧であるという点にある。

敏感な人なら覚えがあるのではないか。表向きは大変に優れた情感豊かに聞こえる演奏が、実は内面の裏付けをほとんど伴なっていないことに気付かされ、心荒ぶような思いをしたことはないだろうか。

しかし、多くの聴衆はそこで満足してしまう。それが真実であろうと虚構であろうと、表面の仕上がりが良く、程よく心地よい思いをさせてくれるものなら、歓迎してしまうのだ。つまり、大衆は音楽家の誠意がどうかということよりも、音楽を聴いている刹那に気持ちよくさせてくれること、辛い現実を忘れて逃避させてくれるようなものや、一時的な幻想に浸らせてくれるものを歓迎するのである。

そして、こういう傾向を音楽家も敏感に察知して迎合していこうとする結果、音楽は趣味の良い調度品のようなもの、流行の健康食品のようなもの、ちょっときどったブランド品のようなものなどに変質するのだ。普通の技量を備えた音楽家なら、そんなことくらい朝飯前なのだ。音楽家は聴衆と真剣勝負で切り結ぶようなことは決してせず（それではお客が逃げてしまう）、少しお金を出せば誰もが手に入れられる平均的な商品としての音楽を提供していくのだ。

これはもはや、音楽家のみならず、聴衆までが、つまり音楽界全体が本質的に大衆化し、質より量、覚悟より快感という、安易な原則の上に立って走り出してしまっているからに他ならない。

虚構をいかにうまく演じるか、そこに集中するのは良い。しかし、虚構によって音楽家の肉声としての真実が覆い隠され、逆に客を巧妙に欺くことになれば、開題なしとはしない。少なくとも私はそう思う。たとえ、どんなに好かれたとしても、それが本当ではなく偽りの感情かもしれないということ、誠実でなく不誠実かもしれないということ、は果たして知らないでよいことであろうか。

嘘でも好かれたほうがよい？　そうかもしれない。代用品の愛でも、手っ取り早く手に入れるなら、大歓迎かもしれない。

しかし、そういうことにあまりに慣らされてしまえば、明らかに感情の麻痺が、続いて精神の鈍化が起こるだろう。皆でわいわい騒いで、偽りの感情を共有し自己欺瞞のうちに痴呆化するのだ。それはもう既にかなりの度合いで私たちを浸食していると考えるべきだ。そしてついにその自覚症状もなくなった時、破滅は決定的なものになるだろう。


私たちは原点に立ち帰らなければならない。

なぜ感動は起こるのだろう。音楽行為において少なくとも言えるのは、人間がもはや孤独でなく、他人と心を同じくできた、と思うから起こるのではないか。それは偽りの心ではない。いくら表面は誰をも心地よくさせる笑顔であったとしても、それが演技であるのなら、むしろ罪深いことではないか。

本当に心を通わせたいならば、演技ではなくなる。演技なんかできない。

戦時中のフルトヴェングラーの演奏が、劣悪な録音の状態を超えて聴く者を圧倒せずににいないのはなぜか。あの頃に較べたら、今は最高の環境で音楽家が稽古と本番ができ、聴き手にとっては毎日音楽会はふんだんにあるし、ＣＤもＤＶＤもいくらでも買いこんで聴くことができる。これ以上良いものなど望めないような環境が揃っているのに、どうしてすごい音楽が生まれないのだろう。

三輪明弘という歌手がいるが、彼のシャンソンを、私は本人には悪いのだが全然良いと思わない。表情が作為的で感動しないのだ。しかし、ただひとつ、彼が作詞作曲した《ヨイトマケの歌》というのがある。これには強烈に引き付けられた。圧倒的だった。これを三輪が歌うとき、もうそれは歌ではなかった。腹の底から鮮血と共に搾り出されてくるような叫び。裸の人間が恥も外聞もかなぐり捨ててただそこに立っている、そんな風だった。聞いた（見た）ことのある方も多いだろう。あれを歌でない、芸術でない、と切り捨てるのは容易だ。しかしあそこに私は、余りに洗練され爛熟し、技巧的かつ狡猾な演技で人々を欺く芸術家（屋）の姿と正反対のものを感じるのだ。私たちは何と不抜けで堕落しているのだろうか、と。

いま、立ち止まって見つめなければ、私たちは一生、お体裁はよいが生ぬるい、芸術風の営みを続けていく他はない。

とにかく、世の中、必要以上に嘘が多すぎるではないか。嘘をつこうと思っていなくても、いつの間にか嘘をついている、つかされているのかもしれないからやっかいだ。

そうやって見栄を張って演技していかないと、渡世がままならなくなるのだろうし、本当に考えていることを言ったりやったりするとかえって立場が危うくなる。危険なことはしないに越したことはない、などと圧倒的大多数の人は半ばあきらめてしまっているのだ。

しかし、それは芸術にとっては致命的である。芸術は、そんな事なかれ主義、惰性の人生を、たとえ刹那でも神々しい光で照らし勇気付けてくれるものでなければならないのに。

芸術家は、かつての聖職者や哲学者のように、絶えず自らに戦いを挑んで鍛錬し、偉大な芸術に献身する人であるべきだと思う。そんな理想にかなう人はほとんど絶望的なくらいいないのだろうが、理想に向かっていく気持ちだけは持ち続けたいのである。

(『音楽の世界』二〇〇八年六月号)

『のだめカンタービレ』はノー、ダメ！

原作は漫画で、テレビドラマにもなって大ヒットした『のだめカンタービレ』が、今度は映画になって封切られるらしい。クラシック音楽を扱ったドラマとしては異例の興行収入が見込めるのだろう。

野球やサッカーに較べれば、愛好家人口の圧倒的に少ないクラシック音楽をテーマにしたドラマがヒットしたのならば、痛快で嬉しいことだ。さらにこれを期に、普段は敬遠されがちなクラシック音楽に親しむ人が増えることを期待する声もあり、ドラマの舞台となった音楽大学への入学者が増えたなどという噂もあり、我々関係者も大いに喜びたいところだ。

しかし、この空前の「のだめ」フィーバーに私は前からいぶかしさを感じていた。このドラマのヒットと、クラシック音楽は本質的には関係ないからである。

音楽は学生の恋愛や青春模様を盛り上げるための手段でしかない。テレビドラマで頻繁に使われていたベートーヴェンの第七交響曲も、快活な、耳を惹く箇所ばかりが用いられ、そうでない箇所はどんどんカットされる。それが元の作品を知る者には耐え難い苦痛となるわけだ。登場する学生が、いかに爽やかな美青年、美女揃いであったとしても、彼らの恋愛やらオーケストラ遊びやらに、ベートーヴェンの曲が好きなように利用されているのは、なんとも居たたまれず、腹立たしい。

そんなに堅い事を言わなくても、と読者は思うかもしれない。私はドラマとしては面白いと思う。しかしこのドラマによって、停滞するクラシック音楽界が本当に蘇生し隆盛するなんてことはないと確信するから、余り幻想を抱くのは止めたほうがよいと言いたいのだ。

軽薄短小が蔓延する世の中である。その思想はもはや行き着くところまで進んでしまった感がある。何でも早く、安く、コンパクトに……確かに恐ろしいくらい便利にはなった。

しかし、簡単に切ったり、薄めたり、手に入ったら、その価値がまるでなくなってしまうものもあるのだ。その最たるものが、クラシック音楽だろう。

もちろんそこにもいろいろある。クライスラーやガーシュインの小品にまで私の主張を徹底させることは無理だし、意味がない。この世界にも奏者や聴衆へのサービスのために書かれた曲も相当にあるのは認めざるをえない。

しかし、バッハの受難曲や、ベートーヴェンやブラームスの交響曲、ワーグナーの楽劇などの、重厚で厳格な作品は、到底イージーリスニングにはなりえない。もし、それらの作品を細切れにして、ながら聴きをし、なおそこから安直な「癒やし」を期待するならば、完全にその価値は誤解され、結果としては作品と作曲者への度し難い冒涜となるであろう。

残念ながら、これら「シリアス・リスニング」の作品は、大衆には完全に理解されることはないだろう。一般人にそのままでは理解不能、難解至極だからこそ、まだしも耳馴染みの良い、表向き威勢の良い箇所ばかりがドラマでは使われたのだ。それでも作品の片鱗を知ることができ、クラシック音楽への良き入り口になる、と考える人もいるだろう。しかし、そんな発想そのものが、堕落の始まりだと言いたい。

お前は選民思想の持ち生か、と非難する声が聞こえるようだ。そう、まさしくその通りかもしれない！呼びたい人は、頑迷な精神至上主義者とでも、時代錯誤者とでも、好きなようにどうぞ。しかし誰が何と言おうと、偉大な音楽作品にこれ以上の暴力を加えられるとしたら、黙って見ているわけにはいかないのだ。

作品を切り刻もうとする人は、その前に自分がいかに破廉恥な行為をしようとしているのか、よく考えてほしい。本当に切り刻まれるべきは、作品ではなく。むしろ我々であるべきではないか。作品の素晴らしさに圧倒され、打ちのめされ、滅茶苦茶に粉砕されるべきはむしろこちらの方なのだ。

今こそ私たちはベートーヴェンやブラームスから、イージーでなくハード（シリアス）な音楽の在り方を学ぶべきではないのか。イージーな聴き方、弾き方からは、表面的な快感や刹那的な面白さしか得られない。作品の全体と真剣に向き合うことによって、精密かつ壮大な音の建築から、人生の奥深さ、喜びや悲哀が響き出して、聴き手の心を打つのである。音楽の世界遺産を真剣に保護していくためには、時間も労力もかかるが、それを惜しんでいたら、そのための損失は計り知れない。

私たちの闘いの始めとして、『のだめカンタービレ』には痛烈な「ノー、ダメ」を出さなければならないと思うのだ。表向きは愛想良く見えたとしても、このドラマの思想が、そしてこのドラマが世間に影響して産み出される、音楽への誤解や享楽的な風潮は耐え難いものだ、とはっきり識者は声を上げるべきだろう。

（『音楽の世界』二〇〇九年十二月号）

オーケストラ・アジア　日本公演

「アジア人がつくったアジアの曲を、アジアの楽器で奏でる渾然一体の響き」と銘打った珍しいオーケストラの演奏会を聴いた。

このオーケストラ・アジアは作曲家の三木稔を芸術監督とし、日本（日本音楽集団）、韓国（韓国国立国楽管弦楽団）、中国（中国中央民族楽団）の伝統楽器アンサンブルの有志六十人余で構成されている。このオーケストラのために書かれた作品を三国から集め、指揮はその国の指揮者が担当し、初演を含む計六曲が演奏された。

確かにこれまで経験したことのない音と響きの世界であった。特に『陝北風情』（中国）での哀愁に満ちた旋律美、『シンモトム』（韓国）でのむき出しと言ってもいいほどの激しいリズムの饗宴は、西洋のオーケストラ曲に馴れた耳には非常に新鮮であった。

しかし、試みとして面白く思ったと同時に、疑問も感じた。たとえば、このオケの楽器編成と配置であるが、第一ヴァイオリンが胡弓、ヴィオラやチェロは琴や箏という具合に、西洋オーケストラの既成の枠に、アジア（と言っても前述の三国）の楽器を当てはめたにすぎない。胡弓のトップ奏者がコンサート・マスターとしてチューニングを行うが、まずこれがほとんど合わない。指揮者の指揮も完全に西洋式であった。個々の楽器は、独奏のときには固有の魅力を伝えるが、一緒に和音を作ったりアインザッツを揃えようとしても、奏法にクセがありすぎて濁ってしまう。

作品も、音色的な効果を別にすれば、西欧のオーケストラで演奏したほうがはるかに水準の高いアンサンブルが達成できるのではないかと思わせるものだった。複雑な和声を多用していた三木の作品『夢・楼閣』などには、特にそれが強く言える。

つまり、形のバラバラな素材で、タテヨコ整然とした破綻のない建築を作ろうと骨折っている感じだ。せっかく個性的な各国の楽器を用いながら、その目指すところは西洋の合理主義的アンサンブルなのである。もともとのコンセプトがこんなに西洋的だと、本来それと相容れない東洋の楽器や音楽の持つ美質が死んでしまう。三木が述べているような「器楽の分野で新しいアジアのアイデンティティを確立」したいのであれば、まず既成の西洋的な考え自体を見直すことから始めるべきではないかと感じた。（一九九六年十二月十一日　東京芸術劇場）

（『音楽の世界』一九九七年二月号）

久元ゆう子　レクチャー・リサイタル

思索する演奏家の姿が浮き彫りに

朝日カルチャーセンター主催による「モーツァルトの神秘」と銘打たれた珍しいコンサートが行われたので報告しておきたい。

出演はピアニストの久元ゆう子である。もともと私が彼女を知ったのは、その演奏ではなく最近刊行された『世紀末の音楽風景』（ムジカノーヴァ発行）という著作によってであった。今日ますます多様化し混迷を深める社会の中で、演奏家は、また聴衆は音楽とどう向かい合っていけばいいのか。本書は社会学、哲学、心理学についての幅広い勉学の成果をふまえており、多くは問題提起にとどまっているものの、著者の素直な肉声が随所に見られるのが貴重だ。

さて、この日はモーツァルトの後期の作品を中心としたプログラムであった（幻想曲ハ短調K四七五、ソナタ　ハ短調K四五七、アダージョ　ロ短調K五四〇、ソナタ　変ロ長調K五七〇）。

演奏から察するに、久元はいわゆるテクニシャンではない。しかし、多様な響きをそれぞれ丁寧に美しく仕上げていたのは、彼女が心ある演奏者であることを実感させたし、曲の構造を見通した上での方向性の明確な表現は、説得力があった。

また演奏の合間のトークは、いわゆる学者臭のない簡潔平易なものであった。当時モーツァルトのライバルと目された作曲家サリエリやフリーメイソンとの関係についての諸説が紹介される。途中対比のためにサリエリの曲を弾いたり、演奏しながらヴィーン市街を描いた絵のスライドを舞台後方のスクリーンに映写したりする工夫は興味深かった。最後に「モーツァルトの音楽は、もはやこれ以上進歩したり発展したりすることの出来ない、一つの行き止まりだった……そこにモーツァルトの神秘を感じる。」と締め括られた。久元の最も実感のこもった言葉であった。

演奏会が巷に氾濫し、個々には演奏者の真面目な習練の成果を伺わせはしても、どこか聞き手不在の淋しい思いに駆られることもしばしばだったので、久元のような、演奏家としての問題意識を持ち、聴衆との交流を大事にする態度は好ましい。今日の演奏家には、まさに「何を何のために演奏するのか」が問われていると感じさせられた。（一九九七年二月五日　朝日生命ホール）

（『音楽の世界』一九九七年五月号）

トゥールーズ・キャピトル国立管弦楽団　日本公演

多くのCDが発売されているにもかかわらず、この指揮者もオーケストラもわが国の聴衆には知名度という点ではいま一つであったのではないか。しかし、今回の初来日でその魅力が完全に明らかにされたといえよう。

指揮はミシェル・プラッソン。パリに生まれブザンソンのコンクールに優勝するも、世界各地を飛び回るいわゆるスター指揮者の生活には背を向け、トゥールーズという地方都市の楽団を三十年にわたりじっくりと育て上げてきた。

しかし、その演奏が始まるやいなや、プロフィールなどは余計と思われるくらいに、プラッソンとこのオーケストラが醸し出す響きは、素直でありながらも深く、聴き手へのメッセージにあふれているのがすぐわかった。洗練された「上手な」オーケストラを聴き慣れた耳には、最初は違和感もあるかもしれない。しかし、すぐに彼等の求めているものが、上手でなく音楽そのものであることが理解される。

プラッソンは、口からシューシューと音を出しながら、両手でふんわりと大きく弧を描き、正確な打点を与えるのではなく、オケからむしろ響きのイメージや、旋律の糸を引き出す。強い命令調でオケに臨む指揮者が多い中で、まるでフルトヴェングラーを想起させるようなプラッソンの資質は極めて稀といわねばならない。

筆者が聴いたのは、二回の東京公演（二月二十二日と二月二十八日、どちらもサントリー・ホール）であった。プログラムは、フォーレの《ペレアスとメリザンド》、ドビュッシーの交響詩《海》ラヴェルの《ラ・ヴァルス》、《ダフニスとクロエ》、《ボレロ》など、フランスの名曲を揃え、またソプラノのレオンティーナ・ヴァドゥーヴァの歌うビゼーやマスネのオペラ・アリア、樫本大進をソリストに迎えてのサン・サーンスのヴァイオリン協奏曲第三番も演奏され、満員の聴衆を沸かせた。

中でも、感動的だったのは、二十二日のドビュッシーの《海》と、二十八日のフォーレの《ペレアスとメリザンド》だろう。ドビュッシーにおいては、原色的な強い色彩感と圧倒的なパワーで聴き手を翻弄するような演奏がよくあるが、プラッソンは力まず、必要以上に熱くもならず、作品の内に込められた豊かなメッセージが自然と流れ出すように演奏を導いていた。また、フォーレにおいては、官能性と峻厳さが拮抗した、類まれな美に出会えたとでもいうのだろうか、壮絶な愛憎のドラマを描いてなお、曇りなく世界を見通す、透徹した作曲者の境地がみごとに現われでた名演だった。

《ボレロ》では、この曲に対する私の固定観念が変わってしまった。どうしても、冷酷な感じすら受ける、壮大なオーケストラによる実験という趣を拭えなかったのだが、プラッソンは、これを終始歌いながら踊りながら、流れるように指揮したのである。オーケストラは、同じリズムの無慈悲な反復というプレッシャーから自由になり、喜びの度を増し加えつつ、祝祭的な興奮へと私たちを誘ったのであった。真に人間的な演奏であったと思う。
意地悪な耳で聴けば、彼等の演奏にはかなりの粗さもあったことは確かである。しかし、音楽というものの存在の手応えを（演奏ではない）、これほど豊かに伝えてくれた時間に、私は長らく出会えないでいたことを痛感させられたのだ。

（『音楽の世界』一九九九年四月号）

第八七回「宇宿允人の世界」

理想と現実の狭間で

近衛秀磨に師事しN響のトロンボーン奏者から指揮者となった宇宿允人。彼は一九八二年以来「宇宿允人の世界」と銘打ち、臨時編成ながらこの目的のために集められたオーケストラと共に指揮活動を重ねてきた。彼のオーケストラは去年から企業の援助を得てオリエンタルバイオ・フィルハーモニーと改名し再出発している。

最近その著書などを通して筆者は宇宿の思想に関心を抱いた。「クラシック音楽をただのビジネス商品としてではなく、本来あるべき姿に」と損得抜きで音楽を追求しようとする気迫に心動かされるものがあった。結果として彼は既存の音楽界に背を向け、独自の道を歩いているように見えるが、その言わんとすることは本来音楽を愛する人なら皆持っているはずのものだ。こんな本質的な考えがかえって新鮮に思われるところに、今日の音楽界の貧しい現実があるのかもしれない。

とにかく彼の思想が実際の演奏にどれだけ反映されているかを聴きとどけるのが、この日の目的であった。

まず演奏されたのはブリテン作曲『青少年の為の管弦楽入門』（語り　古今亭右朝）。この曲は、パーセルの主題を様々に変奏させることによって、オーケストラを構成する各楽器を紹介し、やがて大規模のフーガへと続く。作品としては若者への啓蒙の目的から、現代作品にありがちな難渋な響きや構成はないが、すっきりと美しく聴かせることはそれはそれで非常に難しい。オーケストラの緻密な合奏能力が問われるからである。

宇宿の演奏は、この曲について筆者が抱いていたイメージとはだいぶ違っていた。アンサンブルの表面を磨き上げる、いわゆる当世風のノリの良いスタイルとはおよそ正反対である。むしろ生真面目でゴツゴツしている。それが良いか悪いか、この一曲だけからでは俄かには判じかねた。

次に演奏されたショスタコーヴィチの交響曲第五番においては曲の性格に助けられてか、演奏の刹那にとことんこだわり、作品に秘められた美しさをえぐり出したいという指揮者の意志をようやく強く感じることができた。第一楽章の展開部に入る前のヴァイオリンやクラリネットの陰影のある響き、第三楽章の弦楽器の濃密な歌わせ方など、それは確かに随所で実を結んでいた。

しかしスタイル以前の問題として、基本的なレベルでアンサンブルが雑であったのも事実。とくにブリテンでは、各パートが単独で浮かび上がるため余計にそれを感じた。

また、全体としてどうしても釈然としないのは金管楽器と打楽器である。音色、奏法ともに粗く、特にティンパニ奏者は、何度もオーケストラの響き全体を破壊してしまっていた。解釈の問題として片付けられるとは思えず、これを指揮者が容認しているとしたら、不可解なことである。にもかかわらずティンパニ奏者に終演後の喝采が最も多く寄せられたのは意外であったが、思うに叩く時の身振りが非常に派手だったためだろう。音楽はあくまで耳で聴くべきもののはずである。

宇宿の考えが基本的に誤っているとは思えない。ただオーケストラにそれがうまく伝わっていない、音として具体化しきっていないという感じである。ぎょっとするほど深く美しい箇所があるのに、それが散発的なのは、オーケストラが指揮者と共に作品の内部へ集中していないためではなかろうか。指揮者とオーケストラが相互信頼のうちに共働することは、宇宿はもとより私たちの喝望する人間的な感動の土台となると思うのだが。少し苦言を呈してしまったが、それはこの団体と指揮者への熱い期待から出たことである。(一九九六年四月十八日　東京芸術劇場)

(『音楽の世界』一九九六年六月号)

ないとうひろお　うたごえ広場

ないとうひろおさんによる「うたごえ広場」があった。アコーディオンを背負ってさっそうと登場したないとうさんのリードで、文部省唱歌に始まり、アメリカ、アイルランド、ロシアの名歌やシャンソンなど、いろいろな愛唱歌を次々に歌っていく。歌うのは参加者全員で、この日は六〇―七〇歳台の男女が八〇人はいただろうか、かなりの盛況であった。みな、筆者にとっては親の世代にあたる方々である。よく知らないのだが、かつて戦後の大衆の音楽への渇望を満足させ、今ひそかにブームであるという、「うたごえ喫茶」の流れをくんだものなのであろう。

最初、正直言って「うたごえ」を経験していない筆者にとっては、「やれやれ一緒に歌うのか……」と当惑を感じてしまったのだが、結局どのくらいの数だろうか、《朧月夜》、《シャンテ》、《アメイジング・グレイス》……二〇曲以上を歌っているうちに、すっかり気分が良くなってしまった。ひとえにその理由は、ないとうさんの名司会にあったと言えよう。まず何といってもアコーディオンがうまい。「うまい」というのは、技巧的にどうだということだけではなく、和声や詩の意味や、お客の声の状態に合わせて千変万化する、実に歌のツボにはまったものでもあった、ということだ。それから、話術のすばらしさだ。さりげなく、エピソードや歴史的背景などを歌の合間にさしはさんでいく。その蘊蓄やユーモアで皆が感心しているといつの間にか次の歌の伴奏が流れ出している……という具合で、進行がとても自然なのである。

教えているような雰囲気にはけっしてならないのが不思議だが、ときおり寸評を加えて、歌いなおしをさせる。そのコメントがまた的確なのである。たとえば、《ともしび》であるが、この曲では四小節続きのフレーズの重要性を説く。「今の皆さんの歌だと、途中で切れちゃう。これだと詩の意味も旋律も死んじゃうんだよね。さあ、もう一度どうぞ。」なるほど、明らかに良くなった。でも、ないとうさんはまだ満足しない。「歌い出しの言葉はどうなってますか。『夜霧のかなたへ』でしょう。じゃあ、あまり朗々と大きな声で歌うのはやめようね（笑）。」なんでもないワンポイント・アドバイスなのだが、それが曲と詩の性格を見事に浮かび上がらせる。

しばしば愛唱歌のコンサートなどで、声楽的なアプローチが過ぎた歌唱を聴かされて幻滅することがある。声を響かせる点では良いのかもしれないが、自然なイントネーションや曲のニュアンスは犠牲になってしまう。おまけに無理して笑顔を作ったり、変なゼスチャーを付けて歌うものだから、グロテスク極まりない。思えば歌とは、私たちの一人一人の中から自然に生まれ、その感動や心情を共にしていくものであるはずだ。そんな当たり前のことを、新たにかみしめたくなるほど、この日の「うたごえ広場」は筆者にとって新鮮な時間だった。（二〇〇四年三月二四日　新宿アイランドウイング）

（『音楽の世界』二〇〇四年四／五月号）

たかがピアニカ、されどピアニカ
〜ピアニカ（鍵盤ハーモニカ）でクラシックができるのか？に応えて〜

十二月四日（日）、東京都文京区の沖ミュージックサロンは満員御礼の危機を迎えていた。二〇〇四年の研究部会セミナーとしては四回目になるのだが、こんな事態は初めてのことである。もちろん講師の狭間由香さんご夫妻の交友と人望のなせるわざでもあったのだろうが、「ピアニカ」をテーマにした会がこれほどの盛り上がりを見せたのは、驚きであり嬉しいことだった。

「ピアニカ」はヤマハの商標名で、正式には「鍵盤ハーモニカ」と言わなくてはならない。戦前、ドイツでハーモニカから派生して生まれた楽器だが、ピアノと同じような鍵盤を備え洗練されたのは、戦後の日本においてであった。私たちは学校時代にこの楽器を手にしたことはあるのだし、今でも教育現場では広く使われているはずなのだが、残念ながら「まともな」楽器としては認知されていない。しかし、狭間さんは真っ向からこの楽器に取り組み、昨年は地元の松本ではピアニカ・リサイタルなるものまでやってしまった。こういうユニークな活動をしている人が、まだ本会にはいたのだ。とにかく一度は聴かせてもらわないでどうする、という執念に駆られて、この日の会を企画した。

演奏された作品は次の通り。リムスキー＝コルサコフ／熊蜂の飛行、モーツァルト／ピアノとヴァイオリンのためのソナタ、バッハ／シチリアーノ〜バディネリ、バッハ／ヴァイオリン協奏曲第一番〜第一楽章、シューマン／「3つのロマンス」よりイ長調、吉田桂子／「ちっちゃい鍵盤　おっきい鍵盤」、モンティ／チャルダッシュ。シモネッティ／マドリガル。立派なラインナップである。本日のピアニストでもあった吉田桂子さんは、ジャズ風の遊びも見られる楽しい作品を作曲した。優れたオリジナル作品を生み出すこともピアニカの未来を明るくするためには不可欠だ。

こうしたクラシックのコンサートとして十分通用する多彩なプログラムを、狭間さんは余裕で吹ききってしまうのである。鍵盤上の手の運動性を高めるために、楽器にホースを取り付けて息を吹き込む。すると小さなピアニカの本体にはそぐわないような、芯のあるよく浸透する音と、豊かな歌があふれ出る。少し前かがみになり、上体をくねらせながら演奏すると、口から出る白いホースもかなり揺れる。ちょっとそれが入院患者のように見えたりもするのだけれど（失礼）、確かな鍵盤の技術と、吹奏楽器としての表現の融合を追求した狭間さんの演奏は、この楽器のクラシック奏者のパイオニアというに充分なものであった。実際、ピアニカで吹かれることで、シューマンのロマンスなどは、曲に内在するしみじみとした情感がいっそう引き出されすばらしかった。まずはこの楽器の独特の音色のためであろうが、じかに息を吹き込むことによる直接的な感情の伝達の力でもあるのだろう。

だんな様で声楽家の狭間壮さんには、リハーサルからお付き合いいただいた。終演後の懇親会でも、すばらしい歌声を聴かせていただいた。お酒がお好きとのことであるが、飲みすぎにはくれぐれも注意していただきたい。今では松本市を拠点に、チャリティーなども含めたくさんのコンサートを行っているご夫妻である。壮さんからは上梓されたばかりのエッセイ集「恐竜のおしっこ」をいただいた。さりげないユーモアも交え、人への暖かい眼差しを感じさせる本である。

（『音楽の世界』二〇〇六年一月号）

5　佐村河内事件

五〇歳になった二〇一四年は、私の音楽生活における一つのささやかな区切りになるはずであったが、二月に勃発した佐村河内守氏と新垣隆氏による偽音楽家事件によって、妙な光彩を与えられてしまった。

既にその前年の一〇月、人気の絶頂にあった佐村河内氏の言動に不審を感じた私は、月刊誌『新潮45』に疑義を発表していたが、反響はほとんどなかった。事件が発覚して初めて、佐村河内氏への疑義をメディアにきちんと発表していたのは私だけであったということに気づいたという有様だった。『新潮45』の十一月号に掲載された私の論説を読んだ新垣氏は、非常な不安に駆られ、これ以上は代作行為を続けられないと感じたらしい。事件発覚後、「編集者が選ぶジャーナリズム賞」の作品賞を、音楽家である私が受賞したことからも、この事件に関してはいかに普通のジャーナリズムが機能していなかったかということがわかるのではなかろうか。

事件の当事者がカミング・アウトし、放送、出版など関係機関が謝罪と反省のコメントを発表した。これで事件は解決し、事態は良い方向へ向かうと考える人もいたようだが、残念ながら実際はそんな単純なものではなかった。この事件は日本の音楽界における不治の病巣の存在をさらに印象付けてしまったのではないかと今となっては思うのである。

音楽界は佐村河内氏をペテン師として糾弾する一方で、十八年に渡って代作を行っていた新垣氏を不幸な天才作曲家に仕立てようと、大々的な宣伝を始めている。新垣氏は自らは共犯であると明言しているにもかかわらず、なぜ二人への評価は正反対になってしまうのか。

かつて佐村河内氏に違和感を抱いていた私は、今や新垣氏、そして彼を支援する音楽家たちにも新たな違和感を抱くに至った。

二人とも謹慎してしまうのでは儲からないから、関係者たちは一方を落としておいて、もう一方を持ち上げ、祭り上げ、ビジネスの道具に利用しているのではないか。そのためには道理など平気で無視してしまうのである。

本書のこの最終章では、事件発覚前に発表された論説、そしてその後の新たな違和感について書いた論説を三本収めた。

「全聾の天才作曲家」佐村河内守は本物か

「現代のベートーヴェン」

今話題の作曲家、佐村河内守。代表作と言われる交響曲第一番は、三万枚売れれば大ヒットだというクラシック音楽のＣＤでは、今年七月の段階で十七万枚も売れているというから異例のセールス記録を樹立、今ではその数をさらに更新していると思われる。

最近ますます元気のなくなっていくクラシック音楽界とレコード業界。そこにおいて交響曲という正統的だが地味な分野で、わが国の作曲家が大きく注目されたということは確かに画期的なのであろう。

ＮＨＫを始めテレビの報道は、佐村河内氏の音楽よりは生涯をクローズアップすることに大半を費やしていた。被爆二世として広島に生まれ、三五歳で両耳の聴力を失った「天才作曲家」は、原因不明の激痛の発作と闘いながらも、絶対音感を頼りに「奇跡の大シンフォニー」を完成させる。その初演は大成功し、聴衆の多くは涙ぐむが、演奏は作曲者だけには聴こえないのだった……。

既に有名な前例として、フジコ・ヘミング女史にしても、辻井伸行氏にしても、デビューに際してこの種のメディアの報道が大きな力を発揮したということは周知の事実である。彼らが自ら真摯な努力を積み重ね、それなりに実力と魅力を備えた音楽家であることに、私は疑いを持つものではない。しかし、その音楽家としての姿が我々の前に現われる時、それは決まって彼らの送った特異な人生、つまり肉体的なハンディキャップを持ち、重い病気や失敗を体験、時には自殺を考えたりしつつも、苦難に立ち向かい、最後は勝利を勝ち取るという、壮絶かつ劇的なストーリーに伴われている。

こういうストーリーが報道されなければ、彼らはここまで注目されることも有名になることもなかっただろう。彼らの演奏を聴いて感動した、涙したという人々は、いやそうではない、彼らの人生そのものが、その音楽にも影響し、音として自分たちに伝わったのだ、と言って私を咎めるかもしれない。

だが、人生体験と音楽作品の直接の因果関係は証明できないし、それが自然で健全なことである、と私は思っている。そもそも、人生で苦労すればするほど良い芸術が生まれるとは限らない。ろくに恋愛体験がなかったシューベルトが短い間に驚嘆すべき偉業を成し遂げているとか、いくつかの天才音楽家の例を考えるだけでも、人生の労苦が芸術の良し悪しに関係がないのは明らかである。音楽家の価値は、その演奏なり作品なりがそれ自体としてどれだけ優れているか、素晴らしいかということにつきるのは言うまでもない。

それでも現代のように映像メディアが主導権を握る時代だと、音楽家の顔が良かったり、人の興味をそそるような人生を送っていれば、格好の宣伝材料になるのであり、たとえ音楽と関係がなくても、それをプロモーションに使うことに、私は反対なのではない。役に立つなら使えば良い。ただ、嘘を言ってはいけないし、言行の間に食い違いがあるべきではないだろう。

その点で、この佐村河内氏の場合いささか問題を感じるのは私だけだろうか。「全聾の天才作曲家」とか「現代のベートーヴェン」とか、物々しい紹介のされ方に驚きつつ、その音楽を聴いてみたら正直「本当なのかな」といぶかしい感じを持ってしまったことは、まず正直に述べておきたい。今のところメディアの論調は礼賛一辺倒のようであるが、私のような疑問を感じる人も実はかなりいるのではないか。ただ、感じたとしても、身体障害者や被爆二世への差別と受け取られたり、ダントツのセールス記録へのやっかみであると思われるのを恐れたりで、発言しづらいということもあるのかもしれない。

彼の作品は本当に「天才作曲家」のそれなのだろうか。そして、彼がインタビューや著作で語っていることに嘘はないのだろうか。私の中にどうしても浮かび上がる齟齬や矛盾について、少なくとも問題提起くらいはしておこうと思ったのだ。

聞こえている?

まず、大前提として指摘したい問題がある。彼の著書『交響曲第一番〜闇の中の小さな光』(幻冬舎文庫)から引用する。

耳の不自由な作曲家の作品には、同情票がつくであろうこと。それだけはどうしても避けたかったのです。自分の作品はいっさいの同情なしに正しく評価されねばならない……仮に、お涙頂戴的な「聴覚障害を売り物に……」という誤解に対して無理やり目をつむったとしても、同情票を得ながらのうのうとメディアの中で作曲家として進んでいけるほどの図太い神経は、持ち合わせていませんでした。（一四五〜一四六ページ）

結果、作曲家をリタイヤすることも考えた佐村河内氏は、作曲を止めることはできず、メディアから身を引く「隠者生活」をすることを決意したという。

だから、自身の耳の疾患について世間から知られることは、佐村河内氏にとっては作曲家としての存在理由にも関わる、最も避けたいことであるはずだ。

ところが驚くべきことに、この同じ本には、いかに自分が様々な病苦に苦しみ、人として不満足な、また作曲家としては不遇な人生を歩んできたか、という記述が延々とつづられているのである。偏頭痛、弟の死、耳鳴り、全聾、頭鳴症発作、左薬指機能不全、抑うつ神経症……そして、二度の自殺未遂までしたようだ。これらの経過が、自叙伝的記述の中にふんだんに盛り込まれ、詳細に語られる。次のような文章はそのほんの一部にすぎない。

《交響曲第一番》の完成を目前としながら、悶絶する日々を送らねばなりませんでした。発汗や嘔吐を伴う硬直のあと、激しい全身痙攣が起こり、発作が長引けば気絶してしまうこともありました。そんなときは、ほとんど例外なく失禁しており、鼻からもたびたび出血しました。そして、のたうちまわるような苦闘を経て、二〇〇三年秋、念願の《交響曲第一番》は完成したのです。その直後、私は自殺をはかっていました。（『交響曲第一番』二〇五ページ）

書く本人も大変だったと思うので申し訳ないが、読む側としても非常にしんどい「お涙頂戴」の文章である。このような病状の詳述は本人と医者のためにあるので、本来、音楽の聴衆が知るべきことではないだろう。この著書の中では、人からの同情を最も忌み嫌うかのような発言をしながらも、同時に読者の同情を最大限に得るような記述がなされている。普通に考えたら、彼は相当に「図太い神経」の持ち主なのである。私はそこに看過できない矛盾を感じるので、この本に書いてあること全ての信ぴょう性まで疑いたくなってしまうのだ。

あるテレビのワイドショーでは、全聾であるはずの佐村河内氏の発語が健常者と全く変わらぬ自然なものであったことに少し疑問を呈したコメンテーターもいたし、私もひょっとすると彼は聴こえているのではないかと感じもするのだが、この件で憶測は禁物である。この小文では、医学的な実証を必要とするこの点に関しては、可能なものなら専門家による本格的な検証が行われることを期待するにとどめたい。

どうもおかしい

交響曲第一番には、《HIROSHIMA》という副題が付いている。被爆二世である佐村河内氏の生い立ちからしても、そして彼の代表作として大変ふさわしいタイトルのように思えるが、実際に曲を聴いた私は、あの被爆地の抱える重いメッセージを本当に感じることはできなかった。

苦痛に耐えかねて、絶叫し、のたうち回り、悶絶する、あるいは絶望的な状況で何かにすがりたいと独り静かに祈るような、様々な音楽の身ぶりはある。しかし、それらは極めて個人的な感情の表白であり、かなり自閉的な音楽とすら聴こえる。もっと普遍的、根源的な問い、例えば人間はなぜ苦しまなければならないのか、またどうして原爆のような無差別殺戮をする兵器を生み出し、使用してしまったのかというような、深い葛藤や煩悶を、私はこの作品に感じることはできなかったのである。

どうもおかしい。しかしこの私の疑問は、先日開催された展覧会（八月一七日、東京ミッドタウン）で手に入れた冊子を読んだことで解けた。そこに掲載されていた作曲者インタビューによると、この副題《HIROSHIMA》は作曲完成時にはなく、後の全曲初演の時に付けられたというのだ。

もともと原爆の悲劇に触発されて書かれた作品ではないのだから、この曲に作曲者の個人レベルの表白しか感じられないという、私の当初の印象は正しかったわけだ。

無題であった作品に、《HIROSHIMA》という副題を付けるため、彼は次のように考えねばならなかったようだ。

私は両親とも広島で被爆していて、これは断言していいと思いますけれども、自分はクラシック音楽の作曲家の中で、ただ一人の被爆二世の作曲家です。その作曲家が命がけで作った作品なのに、「ヒロシマ」の音楽なのに、それを発表しないのは、自分のレゾン・デートルを失うことではないか、それではなんだかわからない交響曲になってしまうのではないかと悩みました。（展覧会冊子「MAMORU SAMURAGOCHI EXHIBITION 2013-2014」所収の作曲者へのインタビューより）

一見もっともそうだが、これはかなり不自然な理屈付けだ。なぜこの作品だけが《ＨＩＲＯＳＨＩＭＡ》でなければならないのか。

そんな副題などなくても、作曲者のレゾン・デートルはなくならない。そもそも作曲家の仕事とは、副題のあるなしで存在理由がわからなくなるような脆弱なものではないだろう。

もしかすると彼は、歴史的な被爆地であるヒロシマを副題に使えば、被爆二世である自分の存在も重なり、作品を売り出す際に大いに有利である、と作曲完成後に気付いたのではないか。被爆地ヒロシマという名前は今やある意味で神聖不可侵なものになっており、被爆地や被爆者を批判するのは難しいからである。この名前を着せて作品を天下無敵にしたいという誘惑に、作曲者もその関係者も駆られてしまったのだろうか。

真実性に乏しい作品

このように佐村河内氏は、全聾のハンディキャップ、たくさんの病苦、被爆二世としての出生、被爆地の名による副題……など利用できそうなレッテルは総動員しているようにだ。

音楽そのものが本当に素晴らしければ、わざわざ全聾であることや病苦を強調して人から同情を得ることに熱心である必要はないはずで、そうなると彼の場合、音楽そのものだけでは自信がないのではないか、と思えてくる。

今回、佐村河内氏の作品として手に入る二枚のＣＤ、すなわち著書の題名にもなっている代表作、『交響曲第一番《ＨＩＲＯＳＨＩＭＡ》』(DENON:COCQ84901)、そして昨年リリースされた『シャコンヌ～佐村河内守　弦楽作品集』(DENON:COCQ84987)を聴いた。その感想を率直に言わせていただければ、音楽だけで見た場合、世間がどうしてこうも騒ぐのかが理解できない。もちろん、彼の曲はそれなりによく考えられてできており、調性音楽ならではの美しさに基づいた直接な感情の吐露は人を惹きつける魅力がある。しかし、中世ルネサンスからマーラー、ショスタコーヴィチまでの過去の巨匠たちの作品を思わせるような響きが随所に露骨に現れるのには興ざめするし、終始どこか作り物、借り物の感じがつきまとっているため、音楽の主張の一貫性、真実性が乏しく、作品としての存在感は希薄になってしまうのだ。

つまり佐村河内氏の作品から一切の装飾をはぎ取り、虚心に聴いて受ける印象や感動は、既に指摘したような矛盾をはらんでいるあの著書から受けるそれと似ているのだ。音楽自体にその長い演奏時間にふさわしい強く深い説得力を持たせるのではなく、性急に苦痛を告白し、悩んでいる自分に陶酔し、さらに聴き手の同情を誘う。時にはバッハ風、時にはマーラー風の美しい響きの瞬間も随所にあるが、それらが刹那的な感動の域を超えることがないのは、おそらく作曲者の中にある過剰な感傷癖のためではなかろうか。

最も納得できないことがある。著書『交響曲第一番』によると、彼は全聾になるまでに、つまりまだ少しは聞こえる状態で書いていた曲は、「自我のためのもの」であり、「私自身の本当の音」（二二三〜二二四ページ）ではないとして決別したという。それまでの膨大な作曲原稿は全て破棄し、「全聾の作曲家である私しか聞くことのできない、心の耳に届く闇の音色を探し求める」（二二六ページ）という。

ならば、この「交響曲」の最後で、それまでの全ての苦痛と葛藤を鎮静させるように現われる音楽が、ほとんどマーラーの交響曲（第三番の終楽章？）の焼き直しのような響きになってしまうのは、いったいどう理解したらよいのだろう。作品の肝心の箇所には、作曲者自身の真実の音楽が最も求められねばならないのではないか。いや、佐村河内氏が自分に正直に書いたというのは本当なのかもしれない。ただ、外界を遮断して自己に沈潜してみたら、そこにはあまりにも強くマーラーに影響された自分がいたということだろうか。あるいはそれでもよいだろう。だが、とにかくもこの作品を大作、力作であるとは認めるとしても、「奇跡の大シンフォニー」（ＣＤ『交響曲第一番』の帯）とするにはかなり無理があると言わざるを得ない。

「金」のなせるわざ

二〇世紀以来、西洋の音楽界を席巻したのは、破壊的なほどの旺盛な実験精神であり、伝統が長らく培ってきた調性システムを否定したり、新しいシステムを案出して音楽の未来を切り開こうとする努力であった。そして本来なら内発的であるべきそうした運動をも、西洋音楽の輸入国であり後進国であった我が国のアカデミズムは敏感に察知し移植してきたわけだ。ただ、そんな中で生み出されてきた「現代音楽」の作品のほとんどは、残念ながら一部の専門家と愛好者にのみ知られるだけで、未だに広い人気を得られていない。

このような現状において、佐村河内氏の「交響曲」が、「現代音楽」の閉塞状態を打破する希望の星として期待されても不思議はない。ＣＤ『交響曲第一番』での詳細な楽曲分析（長木誠司氏）や、先日開催されたこの作品についての展覧会（八月一七日、東京ミッドタウン）の冊子に掲載された解説（野本由紀夫氏）でも、この種の期待が表明されている。ただ、私はこれまで述べてきたように、佐村河内ブームは音楽以外の力を大いに動員した結果であると考えるので、楽曲分析だけではその解明はできないと思う。

分析すれば交響曲の特徴である調性や形式や主題労作などが見出されるのは確かだが、そこに人が感動した原因があるのではない。特に佐村河内氏のこの作品の場合、専らムード的に響く音楽の刹那が人を感動させているようなのである。つまり、交響曲的な構築性に基づく説得力ではなく、ムード音楽的な感覚的刺激が、大きな効果を挙げていると思える。そこに作曲者の病苦だとか、副題のイメージが結びついて、効果は増幅されるわけだ。この作品は枠は交響曲だが、中身は交響曲ではない、と言ったら言いすぎであろうか。

聴衆から敬遠され、人気のない「現代音楽」。その世界の中だけで、しかも最も伝統的で地味なジャンルである交響曲を書き続けるだけでは、前途は全くの暗闇だ。そのことを知ってか知らずか、佐村河内氏の手法にユニークな点があるとするならば、それは交響曲の世界に感傷的なムード音楽を接ぎ木することだったのだ。あるいはムード音楽的な感性で交響曲を書いた。作曲者本人は不満かもしれないが、私にはそこに彼の音楽の本質があるように思うのである。彼の精神はもともとクラシック的なのではなく、クラシックへの憧憬なのではなかろうか。

ただ、そんな彼だからこそ、現代音楽の大先生たちがずっとできなかったことをできた。かつて、無調音楽にスポイルされるのを本能的に恐れ、音大で専門的な勉強をするのを避けて、ひたすら本能の赴くままに独学していた佐村河内氏は、誇り高いアカデミストたちが思いつかなかった、交響曲とムード音楽の融合を、「コロンブスの卵」のように、いともあっさりとやってのけたのではないか。

こう考えれば、私もこの作品を受け入れられなくはない。ただ、「交響曲」と呼ぶのには抵抗があるし、まして「現代のベートーヴェン」の作曲とするにはあまりにも無理がある（ベートーヴェンに失礼！）と思う。ベートーヴェンに近づいていきたい、と言うのなら結構だし、これからも近づこうとしてほしい。だが、メディアはなぜ彼を静かに見守らずに、性急に天才に仕立てて売り出そうとするのか。

余談だが、先日テレビで見たＮＨＫテレビ一九七三年の番組「この人と語ろう」で、棟方志功氏がベートーヴェンを例に出して「〈悲しみ〉は人間の感動の中でいちばん大切」と語っていたことを思い出した。本当の芸術は「泣」いては駄目、そうではなく「哭」く、つまり涙の出ない悲しみが根本にある、という。聞き手の鈴木健二アナウンサーは鼻で相づちを打っているだけだったが、このテーマに昔から関心を抱いていた私は大きな感銘を受けた。全く同感である。確かにベートーヴェンはその音楽で声高に苦痛を訴えたり、泣きじゃくったりはしない。性急に叫ばないからこそ、深いメッセージを放つ。棟方氏は音楽家ではないが、本当に優れた芸術家には真実の探求の仕方がわかっているのだろう。

ここまで、率直に書き連ねてきたが、当然ながら佐村河内氏を不当に貶めたいという気持ちは全くない。このような音楽でも、実験的で無味乾燥な現代音楽よりは美しいと愛好家に感じさせたのかもしれない。また、クラシック音楽など普段ほとんど縁のない人々にディスクを買って聴いてもらうには、被爆地出身であることや全聾者であるとかの、人生の悲劇を強調することがどうしても必要だったのかもしれない。

しかし、もし佐村河内氏が著作にもあるように、嘘のない、真摯な芸術家を目指すというのであれば、現実と全く食い違うことを発言してしまうと、それこそ作曲家としての存在理由が根本から崩れてしまうのではないか。また、メディアがそういうことを促したり、誇大な宣伝をして虚像を作り上げるとしたら、それも結局のところ彼のためには全くならないと思うのだ。

残念ながらあまり考えたくはないが、これだけ事が大きくなったのも、おそらく「金」のなせるわざだったのかもしれない。全く儲からないクラシックの世界で、久しぶりにお金になりそうな人が現れ、関係者たち（そして本人も？）はとても張り切ってしまったのだろう。しかし、ワーグナーの《ニーベルンクの指環》にもある教訓だが、権力（金）と愛は同時には持てない。権力を得る者は心の誠を断念しなければならないからだ。

一を得るために九十九を捨てる。

全聾以降の生き方は完全にこのように変わってきました。一とは私が追い求める真実の音「闇の音」であり、九十九とはそれ以外のすべてです。（『交響曲第一番』　二七六ページ）

このように述べている佐村河内氏であるならば、音楽で一番大事なのは何か、そして何をしてはいけないかをわかっていないはずはないと思いたい。しかし、一人の孤独で病弱な芸術家に過ぎないはずの彼は、いつのまにか音楽の内外の世界を巻き込み、巨大な権力を行使する人になってしまっているのではないだろうか。結局、彼は虚と真のどちらを捨てたのだろう。

（『新潮４５』二〇一三年十一月号）

佐村河内問題とは何だったのか

昨年（二〇一三年）の一〇月、私は佐村河内守氏に関する看過できない矛盾を指摘する論説を発表していたが（『「全聾の天才作曲家」佐村河内守は本物か』「新潮45」二〇一三年十一月号）、あれから半年が経過し事態は大きな進展を見せた。

二〇一四年二月六日に桐朋学園大学講師（当時）の作曲家、新垣隆氏が、十八年間にわたり佐村河内氏に代わって曲を書いていたことを自ら会見して告白、ほぼひと月後の三月七日に佐村河内氏自身の会見が行われ、今ではこの二人の共同作業の驚くべき全貌が明るみになりつつある。

会見や手記などによる二人の発言内容にはかみ合わない点も多くあり今後の解明が待たれる。ただ、私の論説を読んだ新垣氏が不安に駆られ、代作行為を辞めたいと佐村河内氏に告げたという点では、二人の発言は一致しているようだ。本事件の解明にいくらかでも貢献ができたとすれば嬉しいことであるが、元来が他人の過失、さらには音楽界の醜態に関することであるので、正直、複雑な思いもある。

論説発表から事件発覚まで

私の論説は二〇一三年七月にはほぼ書き上げられていた。その後、八月に行われた佐村河内氏に関する展覧会から得たことなども入れて補筆し、一〇月刊行の『新潮45』十一月号に掲載された。

この論説に意義があるとすれば、内容もそうかもしれないが、それ以上に事件発覚前に公表されたということが大きい。当時、佐村河内氏についてはっきりと疑義を呈した刊行物はほぼ皆無であったからである。

ただ不思議だったのは、二〇一三年一〇月に刊行されてしばらくは反響らしいものがほとんどなかったということである。「よくぞ言ってくれた」という賛同の手紙やメールが数名の音楽家、音楽愛好家から来た以外、反応は全くなし。批判の対象にした人が障害者であり被爆二世であることゆえの抗議や苦情も寄せられなかった。家族や友人が心配していた脅迫電話、脅迫メールもない。憲法で個人の表現の自由が保障されているはずのわが国では、かような心配をする必要は本来ないのだが、過去の事例を知っているだけに、いろいろな想像をしてしまうことはあった。ただ今回に関しては、こう言うと不謹慎かもしれないが、ちょっと静かすぎてがっかり、物足りないくらいであった。今思うと、一般の読者はこの論説の扱う題材の特殊性ゆえに、内容についての感想をたとえ抱いたとしても表明はしづらかったのではなかろうか。

しかし、私にはほとんど黙殺のように感じられた環境も、二〇一四年二月の事件発覚後は劇的に変わった。しばらくは携帯電話がひっきりなしに鳴り続け、新聞の取材、テレビやラジオへの出演が相次いだ。新潮社が電子書籍化しインターネットから入手できるようにしていた私の論説が売上数の第一位になり、「雑誌ジャーナリズム賞」の作品賞を受賞するというようなことも起こった。それまでは極めて地味な日常をおくっていた者にしてみれば驚くことの連続であった。

ただ、それも一段落した今、私はこの佐村河内事件について、ジャーナリストではないあくまで音楽家としての視点から、再び考察し世間に発表しておく必要を感じているのだ。昨年から私が感じていた違和感は事件発覚によって払しょくされたものの、この事件への世間の反応などについて新たな違和感を抱いたからである。

誰でも見抜ける嘘

新聞社や放送局の私への取材では、最初は決まってほとんど同じ質問を受けるのが印象的であった。

「なぜ事件の発覚前に佐村河内氏が嘘をついていると確信できたのですか?」

これに対して私は「その理由は『新潮45』十一月号に全て書いてあります」と答えるのだが、たいてい相手は不満足な顔をするのである。もちろん、質問者は私の論説は読んでいるはずだが、それでは物足りないのだろうか、何か嘘を見抜くコツのようなものが他にあるのだろう、と言いたげにも見える。

だが、他には何もない。質問者はがっかりするかもしれないが、私が考えたこと行ったことは、全てあの論説に書かれている。つまり、佐村河内守の名前において出版されているディスクと著作を調べていったら自然と疑問を感じたというだけなのだ。特別な調査も取材もしていない。ただの音楽の一人の聴き手、本の一人の読み手として感じた矛盾を率直に表明したまでである。

佐村河内氏は著書『交響曲第一番～闇の中の小さな光』で、「全聾の作曲家である私しか聞くことのできない、心の耳に届く闇の音色を探し求め」て作品を完成させたと書いている。そこで当の作品を聴いてみると、他人の音楽に大いに影響を受けた曲だったのである。

また同じ著書では、自分は音楽以外のハンディゆえに人から同情される、つまり「お涙頂戴」に見られることは絶対に嫌だ、と書かれている。ところが、同じ本において自分の病状や苦痛についての「お涙頂戴」の記述が延々と繰り広げられていたのである。

他にもいろいろあるが、少なくともこの二点はきわめてわかりやすい。その道の専門家でなくても、音楽を聴くことができ、本を読める能力のある人であれば、これは少なくとも相当に怪しく疑わしい人物ではないかということは自然に感じられるのではなかろうか。

「佐村河内劇場」から「新垣劇場」へ？

二月六日に都内で新垣氏が記者会見を行った時、これで事件の真相解明へと劇的に弾みがついたはずだが、同時に一部で変な空気が流れ始めている、と思ったのは私だけであろうか。

新垣氏は自分は佐村河内氏の共犯であると会見で明言したものの、世間では一部で新垣氏に対する同情が高まり、大学の辞職を撤回させようとする署名運動すら起こった。全て実際の作曲は新垣氏によるものであったということを知ると、彼への視線は穏やかになり、むしろ作曲家としての手腕を評価し、今後の活躍を期待するというような意見も現れた。

大学で実際に教わった学生には、彼は優しくて良い先生だったのだろう。またピアニスト、作曲家としての腕も確かなものを持っているのだろう。しかし、それはそれ、これはこれである。普通に考えれば、詐欺の共犯者を十八年間続けたら、大学で人に教える資格はないはずだ。

佐村河内氏がまだ公けに姿を見せていないうちから、彼を激しく責める一方で新垣氏には同情し擁護するような風潮に、私は強い違和感を覚えたのである。

既に多くの人々はいわゆる「佐村河内劇場」で、全聾の作曲家の挫折と栄光の物語に感動し応援し、後にそれが嘘だったことを知り幻滅と失望をしたばかりだ。しかし、そのショックも癒えないうちから隣の「新垣劇場」へ行くことを勧められ、「ある気弱な作曲家が偽名で作曲させられたものの途中で回心して再起する物語」の上演を見て感動するよう促されている……そんな想像をしたくなるほどなのである。

今回の事件から私たちは本当に教訓を得ているのか。もしそうなら、記者会見を一度行っただけの容疑者に対し、「気の毒な被害者」のイメージを付与し、同情し応援するべきではないだろう。佐村河内、新垣の両氏は、その行為の分担がどうであれ、二人でしか成り立たない罪を十八年も犯してきたのだから。

佐村河内氏の「天地神明」会見

そして、新垣氏に遅れることほぼ一か月の三月七日、佐村河内氏が自ら謝罪会見を行った。

トレードマークの長髪や髭を切り、サングラスも外して現れた佐村河内氏の姿にも驚いたが、さらに「謝罪」会見とは名ばかりであり、実態は「弁明」会見であったということにも呆れてしまった。自らが犯した過ちを恥じているというよりは、ウソがばれてしまったことによる損失をいかにして最小限にするか、彼の会見の大半はそこへと向けられていたのである。

マスメディアへのファックスでもこの会見でも、佐村河内氏は「天地神明に誓う」という表現をしばしば用いている。彼のお気に入りの言葉なのだろうが、この厳粛な言葉はそう何度も連発できる類のものではないはずだ。残念だがこういう軽率なところを見せられると、会見全体の信ぴょう性も疑わざるをえなくなる。

彼はおそらく音楽をあまり好きでないのだろう、とも思う。好きであったら、本当に愛していたら、音楽を大事に扱うはずだ。もし楽譜が読めないし書けないのなら、できるようになるために自ら勉強するべきであり、自分の名前で他人に書かせたりしてはいけないのだ。残念だが、音楽を利用し全聾の悲劇の音楽家を演じて、有名になりお金儲けがしたいという意欲のほうが強かったのではないか。こんな人がまんまと強権を得てのさばり、それを世間は長い間もてはやしてしまったのだ。

佐村河内氏の会見には、もう一つ収穫があった。彼の会見内容と新垣氏のそれとの間で、食い違いが生じたのである。佐村河内氏は「天地神明に誓って」述べたとしているが、新垣氏は自身の会見内容は全く訂正が必要ないとしている。しかし、真実は一つであるから、どちらかが嘘か間違いを述べているのである。

ほとんどが些末な点である両者の主張の食い違いについては、基本的には当事者同士が論争でも裁判でもして解決することである。そんなことよりも私たちが肝に銘じておきたいのは、会見のテレビ放送を見た印象だけで彼らを判断するのは非常に危険であるということだ。佐村河内氏がいかにいかがわしく見えたとしても述べたことには本当のこともあるかもしれない。一方、新垣氏がいかに気が弱く善良そうに見えたとしても、佐村河内氏の発言との食い違いがいくつもみられる以上は、今の時点ではそのまま全てを信じることはできないのである。

結局、新垣氏は自らの意思により二〇一四年三月をもって大学を去ることになりそうである。辞職撤回の署名運動にもかかわらず、彼が辞職の意向を変えなかったことはよかった。しかし、桐朋学園大学は「本人の意思を尊重し、（新年度非常勤講師委嘱の）辞退を受け入れる」とホームページで発表している。本人が辞退しなければ今後も大学に留まってもよいということだったのだろうか。当初「厳正に対処する」としていたはずの大学としての見識が何も示されていないのは残念である。

専門家の危険性

佐村河内氏はこれからさらなる窮地に立たされ然るべき罰を受けることだろうが、新垣氏も共犯者であるならば、告白・謝罪の会見をしただけではそれは贖罪の出発点に過ぎない。

ゴーストライターというものは他にも日常的に存在している、と古今の例を持ち出して新垣氏を弁護する人もいるようだが、今回の例はベートーヴェンの名も借りつつ「真実の音楽家」を演じることで最も真実にそむいていた佐村河内氏のための完全な代筆だったのだから、人々へ与えた多大のダメージやトラウマを考えれば、その悪質さは比較にならない。仕事を頼んだ方も、頼まれた方も同罪だと私は思う。

また、たとえ新垣氏が作曲家としていかに優秀であろうと、それで犯した罪が軽減されたり帳消しになるわけではない。自らが関わった詐欺行為のもたらした惨禍について本当に痛感しているならば、彼は大学を辞職するのはもちろん、しばらくは公けの音楽活動を自粛するのが当然ではなかろうか。

音楽家なら音楽を通じてみそぎをするべきだという考えもあるだろうが、それは今回の事件には当てはまらない。彼は「音楽家として」許されないことをしてしまったからだ。音楽の技術はあったとしても音楽家としての基本的な良識、モラルが欠落していた。もし、彼がまともな音楽家なら十八年もこうした不健全なことを続けられるだろうか。佐村河内氏の共犯を続けてしまった原因が新垣氏の音楽家としての生き方にあったのだとしたら、そこを検証し、反省し、足りないところは勉強するべきであり、それをして後ようやく先に進めるというものではないだろうか。だから彼は今音楽をすべきではないと私は思うのだ。

スポーツ選手はスポーツだけ、科学者は実験と論文執筆だけ、同じように音楽家は音楽だけを……一芸に秀でるのはよいが、こういう状況を盲目的に奨励し賞賛するとしたら、そこには同時に大きな落とし穴をも生むのではないだろうか。

専門家として専門性に欠けるところがあっても困るが、逆に専門性しか見えなくなってしまえば、それは非常に危険なのである。たとえばオウム真理教事件のことを私は思い出している。知力の優れた理系のエリートが、社会が見えなくなり唯我独尊に走った結果あの惨事が起きた。これと同じことは音楽にも言えるのだ。質の高い薬が作れても、精巧な作曲ができても、その能力の用いる時、方向、場所を誤ってしまえば、大きな禍を招きかねない。

手に入れる力が大きなものになればなるほど、それだけ使い方も気をつけないといけなくなる。原子力などはその典型であることを、私たちは二〇一一年三月の大地震によって生じた原子力発電所の事故で痛感したばかりである。非常に高い能力は結構なことだが、それを制御できなくなったら、人類の存亡にも関わる大参事を招きかねないのだ。

本当に検証すべきものは?

関係の音楽事務所、レコード会社、出版社、新聞社、放送局は、佐村河内氏の巧妙な手口に騙されその嘘を見抜くことができなかった、というようなほとんど異口同音の検証結果と謝罪を発表している。しかし、先に述べたことからも明らかなように、彼の怪しさは専門家でなくてもある程度は容易にわかるのだ。業界やマスメディアは、わからないというよりは、本気でわかろうとしていなかったのではないか。つまり、面白さや視聴率や利潤の追求に熱中していたので、真実を知ろうとすることにはそれほど興味がなかったという面があったのではないか、と私は思うのである。

本来は音楽家なら音楽そのもの、文筆家なら文筆そのもので評価されるべきである。しかし、今ではそういう当たり前のこと基本的なことに多くの人が倦怠し興味を失っていると言ったら読者には驚かれるだろうか。現代という時代にはそういう面があると思うのだ。

大きな原因の一つは、音楽家も作品も演奏も録音も……つまり音楽に関するありとあらゆるものが私たちの周りに氾濫しているということである。昔からすれば信じられないくらい豊かになり、音楽を聴いたり学んだりすることには何の不自由もない。皮肉にもその豊かさが逆に仇となり、人々を飽食させ、音楽そのものへの興味と情熱を奪っているのではないか。実は私たちは音楽に取り巻かれながら、本当には音楽と出合えていないのかもしれない。

業界としても、ただ作曲したり演奏したりするだけでは平凡すぎて人々の注目が集まらないとすれば、アーティストに音楽以外のイメージやストーリーを取り付けて派手な売り込みをし、人々を刺激し印象付けることへと走りがちになるのである。

私の先の論説（『〈全聾の天才音楽家〉佐村河内守は本物か』）にも書いたが、そもそもアーティストにイメージを被せて売り出すことが間違っていると私は言いたいのではない。役に立つなら使えばよい。ただ、虚偽を使ってはいけないのだ。関係者は情報を発信する前にそこは十二分に気をつけるべきではないか。

事件発覚前に、「交響曲第一番」が素晴らしく価値があると発言した音楽家、音楽評論家もずいぶんいたようだが、本心からそう思うのなら今後も言い続けるべきで、そうしたところで何も問題はないだろう。ただ、専門家としては取り上げる音楽家の作品や著作を注意深く調べるべきなのであり、本件の場合これだけおかしな矛盾があるということはきちんと指摘し世間に知らせるべきであった。もし早くから方々で専門家が声を挙げていれば、この事件もここまで長期化、深刻化せずに済んだのではなかろうか。

しかし、その点についての反省の弁は全く聞こえてこない。それどころか新垣氏を持ち上げて佐村河内氏とはなるべく切り離し、詐欺師に騙された気の毒な作曲家として同情するような論調もある。これは全くの本末転倒、見当違いの意見である。あまりそうは思いたくはないが、もしもかつて素晴らしいと思った曲が今そう思えなくなっては困るから、あるいはかつて素晴らしいと思った自分が恥をかくのは嫌だからといって、逆に事実のほうをゆがめようとしているとしたら、それは音楽の専門家としてはかなり恥ずかしい行為であると言わねばならない。

いずれにしても、音楽家や評論家が英知を結集して今するべきなのは、作曲者や曲を品評することなどではなく、このような事件をなぜ未然に防げなかったのかを考えることではないのか。

「心の被災地」

佐村河内氏と新垣氏は、本来なら内輪もめなどしている場合ではなかろう。二人の詐欺行為が明るみに出た時、その音楽と著作を真に受けて感動し涙を流した人々の心、また真に受けないまでも前代未聞の事件の発生に愕然とした人々の心には、取り返しのつかないダメージが与えられ大きなトラウマが残ったのであるから。

二〇一一年の東日本大震災では、地震や津波によって破壊された町の無残な光景が私たちを震撼させたが、音楽が人の中に荒涼たる廃墟を残すということもあるのではなかろうか。音楽は心の芸術である。心の状態は目では見えないのでわかりづらいが、この人間にとって最も重要な部分に音楽が関わっていることは確かである。そして今回の事件では、多くの人の中に見えない「心の被災地」が生まれてしまったのである。

現状として、一般人には個々のアーティストの真偽についてじっくり考えるような時間的な余裕はないだろう。様々なストーリーやイメージに幻惑されやすいとしても、それはある程度は致し方ないと思える。だからこそ、最初に芸術を発信する側の責任は重大なのである。音楽家本人のみならず、業界やマスメディアは、高い見識と倫理を持たねばならない。

しかし、今まで業界やマスメディアの自己検証や批判や反省が「本気で」示されたことがあっただろうか。ほとんどなかったばかりか、早速この事件のその後の展開に乗じて、雑誌もワイド・ショーもまたもや新しい劇場を作って楽しんでいるように思えるのだ。こうした体質こそ、今回の詐欺事件を肥大化させ、温存してしまった元凶であるのに、その根本的な部分についての洞察、反省がないのは嘆かわしい。

繰り返しになるが、あえて難しいことをする必要はないのだ。音楽家なら音楽を聴く、文筆家ならその著作を読む、という当たり前のことを評価の基礎にするという姿勢を、業界もマスメディアも強く再確認するべきなのである。もちろん、偽物を全て見破れるとは限らない。だが、そういう姿勢をはっきりと示すことにより、怪しい者が近寄りづらくなるのは確かではなかろうか。

面白ければよい、売れればよい、視聴率が上がればよい、という目先の利益を追うことに走り、アーティストに余計なイメージや物語、レッテルを取り付けることに熱中してしまうならば、そういう土壌に偽物が入ってきた時、その怪しさをきちんと見抜くことができようか。

希望はある

佐村河内氏にしても新垣氏にしても、最終的に不幸になってほしくはない。罪を犯した人、転んでしまった人も何度でもやりなおし、納得のいく人生を送ってほしい。ただ、本当に反省しているのならば、当分の間は音楽活動を自粛し、そもそも音楽とは音楽家とはどうあるべきか真剣に考えてほしい。これは二人への私の切なる思いである。

日本中に知られた二人であるならば、早速いろいろなビジネスに利用されるということも当然考えられる。それこそ巧妙に言い寄ってくる者がいるかもしれない。しかし、全ては二人が全て真実を告白し、考えを改め、罪を償ってからのことではなかろうか。今回の事件から本当に教訓を得たというのであれば、業界もマスメディアもしばらく二人をそっとしておくべきだろう。

そもそも佐村河内氏が「ベートーヴェン」の名前を借りさえしなければ、私もわざわざ疑義を表明する論説を書いたりはしなかっただろう。私はベートーヴェンを愛し、心から尊敬している。彼は既に二百年も前の人であるが、その音楽は厳然たる規範として、現代の私たちをも感化し続けている。

彼の名前を軽々しく語る者は、既にいかがわしいものとして疑われることを覚悟しなければならない。そのくらいベートーヴェンの音楽は、人の真摯な気持ち、精神の真実性と結びついている。真実性とはわかりやすく言えば、嘘がないということ、誠実であるということである。

音楽を上手に書ける人はたくさんいる。しかし、それだけではベートーヴェンではない。ベートーヴェンとは能力や技巧の産物ではなく、それをはるかに超えた次元における決して言いえない何かであり、人間普遍の真実性に訴えてくる存在である。だから、彼の音楽は現代でも残り、尊敬されているのだ。つまり「本物」なのである。上手に巧妙にできた音楽というだけでは本物ではない。人間の魂の真実性を軽んじ、裏切るような人は、少なくともベートーヴェン的な意味における本物の芸術を残すことは決してないだろう。

ベートーヴェンの名を語るのであれば、佐村河内氏の著書のタイトルにもあるように、この暗く混迷する世に希望をもたらす光であってほしかった。困難の中にあって偉大な芸術へ救いを求める人や、真摯に音楽と向き合おうとする人を力づけ励ましてほしかった。しかし、今回の事件ではその真逆のことが行われてしまったのだ。そのことの深刻さを、関係者は本当にその心臓で感じているのであろうか。

私たちの中に生まれた見えない「心の被災地」の復興は、残念だがまだまだ先のことになりそうである。

（『新潮45』二〇一四年五月号）

本物を見極める力を

六月六日は「楽器の日」。音楽に携わる者としては何か楽しい話題でも読者にお届けしたいところだが、私の心は依然もやもやとしている。先ごろ世間を騒がせた「偽ベートーヴェン事件」について考え続けているからだ。

今年二月、事件の主役である佐村河内守氏が実は自分で作曲していなかったという問題が発覚すると、私は多くのマスコミの取材を受けた。昨年の『新潮４５』十一月号に彼への疑義を執筆していたためだ。取材者は異口同音に「どうして嘘と見抜けたのか」と不思議がったが、私にはその質問の方が不思議だった。

彼の怪しさは簡単にわかる。全聾になって書いた作品には他人の影響はなく自分の内面の真実の音である、と彼は言っていた。だが実際の曲には、ショスタコーヴィチやマーラーら他の作曲家を真似したような箇所がいくつもある。

また、全聾や被爆を宣伝材料に使いたくないとも明言していた。しかしその自伝は、病気の苦しみや悩みの吐露で一杯なのだ。

言葉と行動が違いすぎる。これへの疑念を識者がきちんと表明していたら、彼があれほどメディアでもてはやされることもなく、事件も大きくならなかったのではないか。

驚くことは他にもあった。関係者の反応である。かつて大部なドキュメンタリーを放送したＮＨＫをはじめとする報道各社、著作の出版社は一様に謝罪のコメントを発表したが、それは残念ながら掛け声だけで、原因の究明と再発防止への具体的な取り組みは見られない。

専門家たちのコメントにも、虚偽性を見抜けなかったことへの反省はほとんどない。それどころか「せっかく良い作品が生まれたのにもったいない」とか「代作者の新垣隆氏の才能は素晴らしい」などと論点がずれている。本質的な議論を避けることで、嵐が過ぎ去るのを待っているようにすら感じられるのだ。

今回、壊れているのがわかったのは、この事件の主人公である二人だけではない。音楽の専門家や音楽業界もまた、ある大事な部分が崩壊しつつあるのではないか。

それは、音楽や音楽家に真摯に向き合う姿勢である。そこが衰弱していると考えないことには、誰でもわかるはずの佐村河内氏の虚偽性がほとんど問題にされなかった理由が説明できない。

この事件の後すぐにＳＴＡＰ細胞論文事件が起こった。この二つの出来事の背景には、現代ならではの「価値観」がひそんでいるのかもしれない。つまり、たとえ不正な手を使って人を欺いても、面白い物ができればよいし、それで儲かればなおよい、という考えである。

結果よければすべてよし……それは、政治や経済では許されるかもしれないが、芸術では自殺行為だと私は思う。

ベートーヴェンの作品のような本物の芸術は、才気や能力だけでは成立しない。本人の創作者としての生き方、精神の在り方が深く反映している。そこに嘘があれば、前提から崩れてしまうのであり、本当の感動を生むことはない。

だから私は言いたい。「不正な手段を使わなければできないことなら、できなくてもよい」と。

新しい交響曲や新しい細胞がなくても、豊かな人生は送れる。どんな面白い便利なものがあっても、使う人の心が腐っていたら元も子もない。

今、再確認されるべきなのは、人が真摯に創造することの意味と、そうした営みに対する畏敬の念である。私たちが生きる意味にも直結する精神文化をメルトダウンから救うためには、偽物ではない「本物のベートーヴェン」に照らして自らを省みなければならない。「本物」を自称した売り込みはたいてい偽物である。大切なのは「本物」を見極められる力を我々自身が持つということなのだ。

（中日新聞　夕刊　二〇一四年六月六日）

わが師、別宮貞雄とのこと

あとがきにかえて

実際に付き合った人物で、私に最も大きな影響を与えたのは作曲家・別宮貞雄（一九二二―二〇一二）であることは間違いない。この本の最後に、別宮貞雄の最後の弟子であった者として、修業時代の思い出を述べておきたい。

別宮氏と初めて出会ったのは一九八五年、私が哲学を専攻していた中央大学でだった。文学部の教授に有名な作曲家がいることは入学する前から知っていたが、どんな人なのかはその授業を受けて初めてわかった。当時、彼が担当していたのは「音楽史」と「音楽論」という二つの講座だった。三百人くらいは入るだろうか、授業は文学部の一番大きな教室で行われた。どちらの講座も、別宮氏の解説付きのレコード鑑賞で、「音楽史」はグレゴリア聖歌からを、「音楽論」は現代音楽を扱っていた。別宮氏はもともと大きな声でしゃべる人で音楽界では有名であるが、さらにそれをマイクに通すので相当な大音響になる。話の内容は大変に論理的であるのに、しゃべり方は豪快で、いくらかぶっきらぼうな印象を与えられるくらいだったが、それが実は氏の持つ抒情性と繊細さの裏返しとして表現されているということに気づくのは、ずっと後になってからである。どちらの講座でも最終回には別宮氏自身の作品を聴かせてくれた。

第三交響曲《春》や、ヴィオラ協奏曲、オペラ《有間皇子》など彼の代表作を聴いて、大きな感動を受けたものの、またそれが現代音楽の主流とは違う音楽であることも知った。なぜこのような音楽の本道を行くべき、まともな音楽が、現代音楽の世界では傍流と言われてしまうのか。私の中ではそんなことにまで徐々に関心が高まっていった。

別宮氏は私が在籍していた大学オーケストラの顧問でもあり、メンバーの有志に音楽理論の課外授業をしてくれた。私が喜んで参加したのは言うまでもない。毎週金曜日の午後、学生は書いてきた和声の答案を添削してもらい、その後は教職員食堂でコーヒーを飲みながら、様々な音楽についての話に花が咲く。別宮氏はよく天ぷらそばも注文していた。しかし、なぜいつも決まって天ぷらそばなのかをたずねると、「どうせおいしくないから一番安いメニューでよい。」副次的な事柄になると、徹底して合理的なのである。

東大で物理と美学を修め、一九五〇年代前半にパリに留学し、メシアンやミヨーの教えを受けた別宮氏の音楽は、しばしばフランス風と言われるが、氏が生涯を通じて範とした作曲家はベートーヴェンだった。別宮氏が自分はパリでもそこの音楽の影響を受けまいと内心はバリアーを張っていたのだ、と言ったのに驚いたことがある。実際、別宮作品をよく見てみると極めて精緻に全体の構成が考え抜かれており、抒情的なだけではなく極めて論理的である。表向きはごつい所があまりなく美しい旋律も多いので、よく勘違いをされるのだろう。

もう一つ、別宮貞雄は調性音楽の作曲家であると言われること、これもやや言葉が独り歩きしていると思う。たとえば、シェーンベルクの無調音楽は関心外かというとそうではなく、《ワルシャワの生き残り》は高く評価していたし、無調作曲が流行していることを知らされた亡命中のシェーンベルクが皮肉っぽく「ところで彼らは作品に音楽を入れているかね」と尋ねた、という逸話を面白そうに語っていた。

つまり、作曲家としての別宮氏は、まず調性ありきではなく、自分の音楽に必要だから使う、という立場だった。パリ留学から帰って発表し出世作となった「管弦楽のための二つの祈り」や「ヴァイオリン協奏曲」などには、無調的な響きが多くみられるし、結局実現しないで終わったものの六番目の交響曲には、ミヨーもよく用いた多調性を持ち込もうとしていたようだ。

かつて物理学を修めた、大変に知性的な人でありながら、音楽になればあくまで自分の感性を信じているのである。その態度は別宮氏が生来持っていたものだとは思うが、日本での師である池内友次郎やパリで教えを受けたミヨーやメシアンにも同じものを感じていたようであった。「音楽に古い新しいはなく、あるのは良い音楽と悪い音楽だけだ」というミヨーの言葉がことさら好きであるようだった。

そんな自由闊達さとも関連するのかもしれないが、指導を受けていて印象的だったのは、普通ならよくありがちな「教師然とした」態度が別宮氏には全く見られなかったことである。もともと中大に教授として呼ばれた時、教育ではなく自分の作曲活動を優先させてほしいと条件を付けたようだが、別宮氏が体現していたのは、「教師」ではなく、文字通りの意味での「先生」であった。「自分はこうしている。よければ参考にしたまえ」ということである。受け身で教わろうとする者には、優しい先生に見えたかもしれないが、主体性をもって関わる者には、別宮氏の音楽への厳しい態度と徹底的な没入は、痛いほど伝わってくる。

「作曲というものは教えられない」ということはよく言っていた。音楽理論は教えられるが、それは作曲ではない、とも。本当に大事なことは教えられないし、結局は学生の側にそれと同質のものがなければ、伝わることもないのだ。私は結局この別宮氏の音楽への姿勢から最大のものを学んだと言えようか。

いつの間にか、この音楽理論の実習を通して別宮氏と過ごす時間が何よりの楽しみになっていた。受講生も最後は私一人になったが、大学院まで続けたので合計六年間も教えを受けたことになる。パリのコンセルヴァトワール留学中にフーガの書法をみっちり仕込まれた別宮氏は、和声法、対位法に続いて最後はフーガ書法の実習もしてくれた。普通大学の中大で四声フーガの書き方まで修得した者はおそらく私だけではないだろうか。その熱心さには別宮氏も驚いていたようで、「なまじの音大生よりできる」としばしば言ってくれた。

一方で哲学の勉学には身が入らなくなっていった。大学院まで進んだものの、どうもそこは哲学者ではなく、「哲学学者」が集う場所であると思えたのだ。この二つの違いは何だろうか。ほとんどの学生は哲学をするのではなく（それは本当の意味では極めて難しいのであろう）、哲学書を読む訓練に明け暮れていた。それは哲学の先生としての就職には役立つもかもしれないが、肝心の哲学からは遠ざかってしまうのではないか。いくら学問上の知識や技術が増しても、そういうものだけでは、自分に当初この学問を勉強したいと感じさせてくれた人生の根本的な疑問や煩悶に迫ることはできないだろう。そう思うと虚しい気持ちに陥ることもしばしばだった。

当時そんなことを考え、指導教授にも反発していた私は、何とも生意気な学生だったのかもしれないが、その直感の部分は今でも間違っていなかったと思う。要するに私の中には、どれか狭い分野の専門家になることへの抵抗があったのだろう。音楽も哲学も、どちらか一方の「専門家」になるのは違うという気がした。音楽でも哲学でもない、そのもっと奥底にあるものへと向かっていくのが私の運命だったのだろうか。

一九九三年、ヴァーグナーとショーペンハウアーについての論文を提出して修士号をもらい、大学院を去ることにした。同じ年には別宮氏も七〇歳で定年を迎えることになった。最終講義の後、私は学生代表として感謝の辞を述べたのだが、とにかく別宮氏の音楽家としての在り方そのものから、たんに教わることよりも多くの大切なものを教えられた、という内容のことを話したと記憶する。終わってから氏が満足げに大きくうなずいていたのが強く印象に残っている。

一九九三年四月、私は桐朋学園大学の研究科に進学した。入学にあたって中央大学で書いたヴァーグナーに関する論文や、作曲したフーガを提出したので、前の大学での勉学が役に立ったことになる。私はもう二八歳になっていたが、ここまで来たら三〇歳までは学生をさせてもらおうと両親を説得し、学費も家庭教師のアルバイトなどでなんとか生み出した。

音楽と哲学の総合として、当時の私は音楽学を学ぶという決断をしたのだが、桐朋学園大学を選んだ理由には、そこで別宮氏が非常勤講師で楽曲分析の授業をしているということもあった。氏はかつて中央大学に移るまでは桐朋の作曲の教授をしていたのだが、その後も非常勤で分析の授業は続けていたからである。

ところが、私が桐朋に入学早々、別宮氏の夫人が病に倒れてしまった。もともとその兆候は数年前からあり、私も中央大学に在学中は夫人の手術のために輸血を募ったりしたこともあったのだが、今度はかなり病状が重く、別宮氏は大学勤めも完全に辞めて、夫人の入院する病院通いに専念することになった。

別宮夫妻にはもともと子供はいなかったが、まさかこの時、自分が養子になるように言われるとは思いもしなかった。あまりに突然の要請で返事をしあぐねていると、氏の同僚の作曲家でやはり桐朋で教鞭をとっていた宍戸睦雄氏が、別宮氏は私が養子になってくれるか心配で夜も寝られないそうだ、と教えてくれた。

とにかく、自分が養子になることで別宮氏が安心して夫人の看病に集中できるのならよいのではないか、少しでも役立てることがあるならそれをしようと思った。両親にも事情を話し、私の本名は別宮に変わった。それまでの本名は、ペンネーム、芸名として使うことにした。

かなり後になってからのことだが、私をどうして養子にしようとしたのか、別宮氏自身から聞いたことがある。理由は三つで、音楽に対する考えがほぼ同じであること(無調音楽に批判的であるということも含む)、真面目であること、そしてお金にあまり関心がないこと、というものだった。お金に無関心な人というのもあまりいそうにないと思うのだが、私は当時そんな風に見えたのだろうか。

別宮氏は成城にあった大きな家は売り払い、三鷹の介護付きマンションに引っ越した。最後の数年間は常時の介護が必要になったが、身内には迷惑をかけまいと別宮氏は事前に用意周到な準備をしていた。

養子縁組をしてからもなお、私たちは「野口君」「別宮先生」と呼び合う間柄だったが、少しずつ音楽に限らない様々な話題を話し合うようにもなった。

ただ一つだけ、私からは積極的には話しづらかったことがある。それは私自身の作曲への思いだ。別宮氏のもとで音楽理論は大いに勉強したが、私自身が作品を作るために役立てたかった。学生時代から細々と作曲はしていたのだが、別宮氏と付き合うようになって、あらゆる音楽の表現で最も重要なのは作曲であると考えるようになっていった。音楽理論の指導を受けている時も、時間が空くと、自分の作曲したものを恐る恐る差し出して、見てもらったことは何回かあった。しかし、自分は最終的に作曲がしたいのだとは言えなかった。当時そこまでの自信はなかったし、立派な作曲家である別宮氏にはとても言えないと思っていた。

別宮氏が亡くなって三年が経つ。少しずつ私は作曲することが増えている。作品もピアノ曲、ヴァイオリン曲、弦楽四重奏、オーケストラのための交響詩や組曲などが出来上がり、実演もされた。別宮氏は別宮氏、私は私、そう思えるのにはそれなりの時間が必要だったのだろうか。私は今後どうなっていくのか。ベストは尽くすつもりだが自分でもよくはわからない。ただ、別宮氏によって得難い体験をさせてもらったことへの感謝の念、そして彼の抱いていた芸術的理想のために少しでもこの自分が役立ちたいという思いだけは揺るぎない。

（二〇一五年一〇月）

著者 **野口 剛夫**（のぐち たけお）

1964年、東京生まれ。中央大学大学院（哲学）、桐朋学園大学研究科（音楽学）を修了。作曲を別宮貞雄に師事。月刊『音楽の世界』編集長、昭和音楽大学講師を経て、現在、東京フルトヴェングラー研究会代表、同管弦楽団指揮者。指揮者としてはブルックナーの交響曲第5番（シャルク改訂版）、フルトヴェングラーの「テ・デウム」、交響曲第3番などの日本初演、テーリヒェン音楽劇『あと四十日』（ヤマハ音楽振興会助成）の世界初演を行う。著書に『フルトヴェングラーの遺言』（春秋社）、『フルトヴェングラーを超えて』（青弓社）、監修書に『フルトヴェングラーと私たち』『フルトヴェングラー歌曲集』、『ブルックナー／交響曲第5番スコア（F．シャルク改訂版）』（以上　音と言葉社）など、訳書にシェンカー『ベートーヴェン第5交響曲の分析』（音楽之友社）、クラウス・ラング『エリーザベト・フルトヴェングラー　101歳の少女』（芸術現代社）、フィッシャー＝ディースカウ『フルトヴェングラーと私』（河出書房新社）、『伝説の指揮者　フェレンツ・フリッチャイ』、クラーネルト編『フルトヴェングラー研究』（以上　アルファベータブックス）など、作曲には「ピアノのための小品集」、「弦楽四重奏曲」、交響詩《神代の調べ》、「管弦楽のための5つの小品」などがある。2014年、『新潮45』（2013年11月号）掲載の論説「“全聾の天才作曲家”佐村河内守は本物か」により、第20回「編集者が選ぶ雑誌ジャーナリズム賞」作品賞を受賞。

野口 剛夫　音楽論集

私の音と言葉　音楽を生きるということ

2015年12月20日　第1刷発行

発行人　佐藤 英豪

発行所　㈱アルファベータブックス

〒102-0072 東京都千代田区飯田橋2-14-5 定谷ビル2F

TEL：03-3239-1850　FAX：03-3239-1851

E-mail:alpha-beta@ab-books.co.jp

印刷　㈱イニュニック

本体価格　2,500円+税

ISBN978-4-86598-702-7 C0073